修水文化旅游丛书

地灵人杰

主编◎梁 红　罗贤华

江西高校出版社

图书在版编目(CIP)数据

地灵人杰/梁红,罗贤华主编.--南昌:江西高校出版社,2021.11(2022.3重印)

(修水文化旅游丛书)

ISBN 978-7-5762-1547-2

Ⅰ.①地… Ⅱ.①梁… ②罗… Ⅲ.①历史人物—列传—修水县 Ⅳ.①K820.856.4

中国版本图书馆 CIP 数据核字(2021)第 120110 号

出版发行	江西高校出版社
社　　址	江西省南昌市洪都北大道96号
总编室电话	(0791)88504319
销售电话	(0791)88522516
网　　址	www.juacp.com
印　　刷	天津画中画印刷有限公司
经　　销	全国新华书店
开　　本	700mm×1000mm 1/16
印　　张	8.5
字　　数	130千字
版　　次	2021年11月第1版 2022年3月第2次印刷
书　　号	ISBN 978-7-5762-1547-2
定　　价	48.00元

赣版权登字 -07-2021-805

版权所有　侵权必究

图书若有印装问题,请随时向本社印制部(0791-88513257)退换

编委会名单

主　　　任　梁　红

副　主　任　罗贤华

编委会成员（按姓氏笔画排序）

　　　　　　丁洪阶　卢　婧　余昌清　余　睿

　　　　　　冷建三　冷春晓　罗贤华　周秋平

　　　　　　胡江林　梁　红　谢小明　詹谷丰

　　　　　　廖利方　戴逢红

徐禧　　　　　　　　　黄庭坚

余玠　　　　　　　　　莫将

宋朝寅　　　　　　　　祝彬

地/灵/人/杰

冷应澂 　　　　　　　　章鉴

陈宝箴 　　　　　　　　陈三立

陈衡恪 　　　　　　　　陈寅恪

序

梁 红

修水是生态家园,东南九岭蜿蜒,西北黄龙昂立,"山川深重,可供游览"。独特的丘陵地貌,养育了丰富的动植物,森林覆盖率近75%。植物中的"活化石"红豆杉群落星罗棋布,动物中的"大熊猫"中华秋沙鸭定期造访。

修水书院文化繁荣,自北宋黄庭坚始祖黄中理建樱桃、芝台书院后,历朝历代都有知名书院涌现,成为培养人才的摇篮。如杭口镇双井村的高峰书院,义宁镇的鳌峰书院、凤巘书院,路口乡的云溪书院,何市镇的流芳书院等,不一而足。重视书院教育尤以陈宝箴家族为典型,其先祖以客戚身份迁宁州,栖居野山深涧,生存条件恶劣,仍不忘教子读书,建仙源书屋;待条件改善,迁桃里竹塅后,陈宝箴亲建四觉草堂、鲲池义学,延师课读,惠及邻里乡亲。众多书院的崛起,让修水文风蔚起、人才辈出,成为一种地域文化现象。如杭口双井黄姓仅宋一朝出进士48人,其中黄庭坚诗开江西一派,书法自成一家;桃里竹塅陈家,陈宝箴首倡湖南新政,陈三立为"同光体"领袖,陈寅恪为史学泰斗等,陈家三代四人被《辞海》单列条目介绍,此等殊荣,放眼全国亦属凤毛麟角。

修水不但高雅文化绵延不绝,民俗文化亦丰富多彩。如源起于宋代宫廷的"全丰花灯",融灯、戏、舞于一体,诙谐幽默,广受观众喜爱;起于明朝初年的宁河戏,典雅端庄,唱腔独特;被省政府确定为"四绿一红"重点支持的宁红茶,制作工艺独特;石呈赭碧、雕刻工艺精细、被誉为砚中精品的赭砚,广播海内外。修水哨子、采茶戏、山歌、武术、十八番等,都广为流传,深受群众的喜爱。

修水是秋收起义策源地、爆发地,工农革命军第一支部队在修水组建,第一面军旗在修水设计、制作、升起,秋收起义第一枪在修水打响。革命战争年代,修水人民反压迫、求解放,牺牲的仁人志士达10万余人,在册烈士10338人。改革开放以来,修水人民继承先烈遗志,奋战在生产建设第一线,奋战在脱贫攻坚第一线,取得了社会进步、经济繁荣的可喜成绩。其中,文旅事业作为党和政府的一项重要工作进一步加强,文旅项目快速推进,文旅产业亮点纷呈,文旅融合日益紧密。县第十八次党代会进一步明确了强工兴旅的发展战略,提出要紧紧抓住创建国家全域旅游示范区契机,把修水打造成全省一流、全国一流的"环境优美、产品优质、品牌优秀、服务优良"的国家全域旅游示范县,为文旅融合树立了新的标杆。

文化是旅游的灵魂,旅游是文化的载体,习近平总书记指出:"历史和现实都表明,一个抛弃了或者背叛了自己历史文化的民族,不仅不可能发展起来,而且很可能上演一场历史悲剧。"[①]因此,县文旅局

---

① 新华网.习近平:在哲学社会科学工作座谈会上的讲话[EB/OL].(2016-05-18)[2021-10-18].http://www.xinhuanet.com//politics/2016-05/18/c_1118891128_3.htm.

序

决定全面梳理修水文化旅游资源,精心编辑出版《修水文化旅游丛书》。这项工作得到了县委、县政府的大力支持,主要领导在百忙之中抽出时间,就体例、题材、篇幅、文字、创意等均提出了具体要求;社会知名人士詹谷丰、戴逢红、冷建三、冷春晓、谢小明、冷伍敏、童辉满等人分别参与了丛书的撰稿、摄影等工作,在此一并表示衷心的感谢!因时间仓促,兼之水平有限,本丛书的不足之处一定不少,敬请广大读者批评指正!

是为序。

2021 年 10 月 18 日

目录

徐　禧 /001

黄庭坚 /004

余　玠 /007

莫　将 /013

宋朝寅 /016

祝　彬 /018

冷应澂 /020

章　鉴 /023

刘　陵 /025

周彦中 /026

吴　猛 /027

黄　赡 /028

黄茂宗 /029

王　本 /031

黄大临 /032

黄　注 /033

黄　庶 /034

黄叔达 /035

王纯中 /036

黄叔敖 /038

黄　廉 /039

黄　介 /041

徐　俯 /042

周季麟 /044

周季凤 /046

周期雍 /048

周　训 /050

万承风 /051

陈宝箴 /053

陈三立 /056

陈衡恪 /059

陈寅恪 /063

陈封怀 /071

黄蛰秋 /074

罗坤化 /077

查阜西 /080

晏继平 /082

黄　绮 /083

晏　清 /084

匡一点 /085

余昌徐 /086

陈天霓　/087

幸春舫　/088

胡菊莲　/089

朱正平　/090

陈靖华　/091

徐光华　/092

丁健亚　/094

余经邦　/096

王铁猛　/098

吴天骥　/099

陈秋光　/101

甘特吾　/103

朱　赤　/104

甘卓吾　/108

胡思先　/109

涂公遂　/110

傅　彪　/111

刘克之　/113

冷郭仪　/115

胡承玉　/116

樊孝菊　/119

徐　禧

徐禧,字德占,今修水县何市镇吴仙里人,生于宋仁宗庆历三年(1043),幼时不喜诗词歌赋,但喜博览群书,周游四方,考察古今变化,与先生交谈,常进出惊人的见解,深受先生青睐。

熙宁初期,宋神宗赵顼重用王安石、吕惠卿实行变法,维新思想兴起。其时,徐禧虽为平民,但积累多年思考之成果,撰《太平治策》三卷二十四篇,托到京城应试的弟弟将《太平治策》送给当朝掌权者审读。几经周折,王安石和吕惠卿先后看到了《太平治策》,大为赞赏,推举徐禧担任检讨一职,这是徐禧进入仕途的第一步。之后,王安石把《太平治策》呈送给宋神宗阅览,神宗认为《太平治策》分析问题中肯,解决问题的措施可行,徐禧这一人才难得,即授予其镇安军节度推官、中书户房习学公事的职务。

一年多后,神宗皇帝召见徐禧,询及军国大事,徐禧对答如流,神宗皇帝甚喜,称赞说:"朕多阅人,未见有如卿者。"于是,神宗提拔徐禧担任太子中允、馆阁校勘、监察御史里行,之后,又授予其集贤校理、检正礼房的职务。深得神宗皇帝信任的徐禧,先后接受了核查桂州军费开支、考察两广民生的任务。徐禧作风踏实,深入民间,不偏不倚,结论公允,向神宗皇帝汇报后,得到"能平量正事"的评价,随即被提拔为右正言、直龙图阁、权御史中丞、泾源经略安抚使、马步军都总管。徐禧认为皇恩浩荡,自己功绩不孚众望,遂上书谢辞。神宗皇帝不予答应,徐禧无奈专领中丞御史的职务。不久,徐禧因故改任给事中。

宋神宗元丰四年(1081),徐禧以钦差大臣的身份督军进攻西夏,次年在永乐(今陕西米脂西北)遇强敌围攻不脱,以身殉国。

逸事

之一。徐禧的祖父徐师古家境富裕,广有田产,尊师重教,曾变卖部分田产,在家乡创立金湖书院,并招聘各地知名教师任教,在周边影响巨大。宋太宗淳化五年(994),朝廷御书孝义给予表彰。金湖书院吸引了许多知名人士到访,如苏轼、黄庭坚（徐禧的姐夫）、佛印禅师等。黄庭坚曾为书院题记："举族敦儒雅，荣同此隐居。御书多郡国，圣代表门闾。世积千金散，家藏万卷书。"

之二。神宗时期，宋朝面临的最大敌患是西夏的侵扰。西夏人以游牧为生，善于骑射，经常到宋的边境地区抢掠，成为大宋国的心腹大患。宋神宗元丰四年（1081），宋朝主动发起进攻，在庆州击溃西夏军队，占领西夏两千里土地。为巩固战果，适时消灭西夏国，元丰五年（1082）八月，神宗皇帝采纳延州（今陕西西安）知州沈括的建议，拟在横山筑城寨，遂派给事中徐禧和内使李舜举前往鄜延商议筑城之事。徐禧以钦差大臣的身份考察当地山川地形，否定了在横山筑城的建议，报神宗皇帝同意后，仅用四十天在永乐（今陕西米脂西北）筑了一座新城。神宗大喜，赐新城名为银川寨。银川寨的建成如一把利剑直插西夏咽喉，西夏国必定要清除。不久，西夏梁太后派遣统军叶悖麻、咩讹埋等领六监军司兵三十万进犯银川寨。面对强敌，徐禧毫不畏惧，仗剑亲临前线指挥，双方死伤无数。面对顽强的宋军，西夏军改变战术，截断流入城内的水源，围而不攻；宋军渴死过半，战斗力大减。西夏军看时机已到，倾全力攻入城中。徐禧指挥残余军民与西夏军战斗十余天，最后以身殉国。苏轼在其《徐忠愍公别传》中记载，徐禧"整衣冠，理鬓髯，神色自若，端坐不去"，展现了一个为国捐躯的英雄的形象。

徐禧殉国的噩耗传到朝廷，宋神宗悲痛不已，他颁发诰敕，"直龙图阁大学士、知制诰兼御史中丞徐禧仪容俊伟，才识高明。气已养至刚至大，言有当于嘉谋嘉，达变通权诚堪任重而致远"，特赐金紫光禄大夫、吏部尚书，谥曰"忠愍"。

徐禧殉国，让黄庭坚悲痛不已，时任泰和县令的黄庭坚饱含热泪，写下《祭徐德占文》："呜呼德占，文足以弼亮天功，武足以折冲樽俎，识足以超万人之毁誉，量足以任百世之荣名。……身膏原野，而葬衣冠于故土；亲逢尧舜，而即万鬼以为邻。……酌酒祖行，能复饮否？心折无几，有泪如江。"其情之深、赞之切，反映了两人之间的密切关系。

民国时期，修水建八贤祠。国民党爱国将领冯玉祥为八贤之一徐禧题写《徐忠愍公德占先生像赞》："布衣腾达，胸蟠甲兵。泾军殉节，宋殉长城。畴起文弱，儒将如公。千载亲炙，奕奕英风。"高度概括了徐禧成长的背景、功绩及对他的敬佩之意。

之三。徐禧为官正直磊落,无私无畏。史载朝官邓绾、范百禄欲陷害大臣李士宁,遂以妖妄迷惑赵世居的罪名上奏。徐禧依据事实反驳,不认同李士宁的罪名。神宗听取徐禧的意见,着人核查此案,查清了邓绾、范百禄诬陷李士宁的罪行,对范百禄予以贬职,对徐禧予以升迁。

之四。徐禧现存墓地有两处,一处在漫江乡尚丰村将军山,坟墓已被盗,残存墓穴中发现徐禧墓志铭一块,该石块长、宽均为一百二十四厘米,厚为十一厘米,铭文有四千余字,清晰可见。该墓志铭现被县博物馆收藏。另一处在宁州镇安坪港梅岭鹅形,保存较完整;该墓1986年被修水县人民政府列为县级文物保护单位。

之五。徐禧的儿子徐俯,字师川,号东湖居士,承父荫,被宋神宗授予通直郎的职务;徽宗即位后,又迁承议郎,升官至参知政事,为江西诗派诗人,有《东湖诗集》传世。

黄庭坚

黄庭坚,字鲁直,号山谷道人,又号涪翁、八桂老人等。宋仁宗庆历五年(1045)六月十二日出生于洪州府分宁县(今修水县)双井村一个官宦之家。少时父亲黄庶病逝,家道中落,黄庭坚随舅父李常求学,受到良好的教育。宋英宗治平年间,黄庭坚两度夺得洪州乡试榜首。宋英宗治平四年(1067),黄庭坚登进士第,被朝廷任命为汝州叶县(今河南叶县)县尉(负责地方社会治安的官员),因迟迟没有到任,被汝州府最高长官富弼投入大牢,经多方解救才出狱。

之后,黄庭坚于熙宁五年(1072)参加学官考试得中,任北京国子监教授。期满,他得到大名府知府文彦博赏识,文彦博向朝廷举荐,他得以留任。元丰三年(1080),因与苏轼等人过往甚密,黄庭坚被牵连进"乌台诗案",改任吉州太和(今江西泰和县)知县。元丰六年(1083),黄庭坚调任德州德平镇(今山东德平)酒税官;元丰八年(1085),以秘书省校书郎召入馆阁。宋哲宗元祐元年(1086),黄庭坚经司马光举荐,参与校定《资治通鉴》,当年又任《神宗实录》检讨官,参与编修工作,任集贤校理;元祐二年(1087),升任著作佐郎。元祐七年(1092),因母丧,黄庭坚回双井老家居丧;翌年,朝廷任命他为编修官,他以母亲丧期未满辞谢。绍圣元年(1094),黄庭坚被任命为宣州知府,改任鄂州知府,赴任途中,又接到改任管勾亳州明道宫,且责令他到开封府境内居住,以便听候国史院关于黄庭坚参与《神宗实录》一事的对证查询。同年,黄庭坚遭人陷害,被贬为涪州别驾、黔州安置。元符元年(1098)三月,因避外兄张向之嫌,移戎州安置。元符三年(1100),黄庭坚被朝廷召回任宣德郎,任鄂州盐税官,尚未上任,即改任奉议郎、签书定国军节度判官厅公事。宋徽宗元年(1101),黄庭坚被朝廷任命为吏部员外郎。崇宁元年(1102),朝廷任黄庭坚为太平州知府,上任仅九日,又改管勾洪州玉隆观。当年,宋徽宗在得势的新党当权者的怂恿下,设元祐党籍碑,打击元祐人物,黄庭坚不幸被确定为打击对象。崇宁二年(1103),黄庭坚因两年前曾为承天寺写过《承天院塔记》,被政敌毁谤——"幸灾谤国",官职被免,而且被押送到蛮荒之地宜州(今广西宜州)羁管。生活的艰难,身心的被摧残,使得黄庭坚于崇宁四年(1105)九月三十日在宜州逝世,享年六十一岁。宋徽宗大观三年(1109),黄庭坚的好友苏伯固、蒋韦护送黄庭坚的棺柩从宜州到达双井,黄庭坚得以叶落归根。

黄庭坚为官仕途坎坷,但他终生以诗书为伴,终成大家,名垂青史。

他主张诗歌创作"笔下无一点俗尘气"。他强调的"不俗",不仅要求遣词造句不俗,不能落入晚唐体与西昆体的俗套。更重要的是,诗歌必须反映一种高尚的精神境界。他的诗大多有感而发,借事托物言志,构思奇特,语言精练,章法细密曲折,富于变化,力求创新。他喜欢用典故,讲究"点铁成金""脱胎换骨",在博采众长的基础上形成自家奇崛的诗风。黄庭坚流传于世的诗词有两千首,深远地影响了宋朝诗词创作,被南宋吕居仁推举为江西诗派领袖,这种影响远达晚清。

黄庭坚的书法师承百家,博采众长,成就卓越。他研习过王羲之、怀素、颜真卿等名家的字体,学过同朝代的周越、苏轼等。他在学习的同时注重创新,"随人作计终后人,自承一家始逼真"。黄庭坚的书法以草书最见成就,有书家点评他的草书特色是"跌宕起伏,欹侧错落,笔牵字连,线条舒展,虚实相生"。他晚年的书法更是炉火纯青,代表作《范滂传》,不仅书法艺术高超,还反映了他高尚的品格。他的作品《诸上座帖》被北京故宫博物院收藏;《砥柱铭》更是被拍出4.368亿元的高价,创单幅古代书法作品拍卖价格之最。

黄庭坚对禅宗禅学也颇有研究。他多次造访名山大川,拜访高僧大德。尤其是在家乡修水,他与千年名刹黄龙寺的几任住持多有往来,也应邀在黄龙寺周边山崖上题字,至今尚保存有"黄龙寺""灵源""三关"等摩崖石刻真迹。佛学参悟,禅理通透,使黄庭坚养成乐观豁达、超然物外的性格,帮助他度过风雨飘摇的坎坷仕途,使他成为一代文化大家。

黄庭坚对儒家儒学颇有研究。在北京国子监教授任上,他撰写了《论语断篇》《孟子断篇》《庄子内篇论》等教学讲义,在同僚和学子中广受好评。

逸事

之一。黄庭坚出生于黄姓大族,自小受到家庭尤其是母亲李氏夫人的教育。他幼时聪慧,5岁时可背诵《诗经》《书》《易》《礼》等,7岁作的《牧童诗》被人称颂:"骑牛远远过前村,短笛横吹隔陇闻。多少长安名利客,机关用尽不如君。"之后,他在祖父创办的芝台书院和樱桃书院学习,奠定了扎实的基础。

之二。黄庭坚是一个大孝子,名列二十四孝之一。他亲自为母亲清洗便桶;在母亲病重期间,更是昼夜守候。他怜爱兄弟,遇朝廷明堂大礼,他把奏补官员的名额给了侄儿黄补。他对家人悉心照料,对弟弟黄叔达关怀备至。

之三。黄庭坚为官时体恤民情,轻徭薄赋,廉政勤政。他写下《流民叹》等多篇同情劳动人民的诗篇。他任太和(今江西泰和)县令期间,为自警,他将孟昶所作《颁令箴》的诗句"尔俸尔禄,民膏民脂。下民易虐,上天难欺"刻成石碑立于县衙之外。高宗即位后,下旨各州县摩庭坚笔法勒石立于衙外,以警示各级官员。

之四。黄庭坚的文品和人品均被后人敬仰。早在20世纪50年代,黄庭坚墓即被定为江西省文物保护单位。2005年,修水县委、县政府拨专款修缮黄庭坚墓地。2015年,以黄庭坚诞生地双井为依托的"华夏进士村"景区建设开工,2019年开始运营。同时,黄庭坚纪念馆几经扩展,现成为江西十大历史文化名人馆之一。由修水县委、县政府承办的全国性的黄庭坚周年诞辰纪念活动已经举办多届,其中,由江西省书法家协会主办,修水县委、县人民政府承办的"黄庭坚书法大赛"声名鹊起,成为全国性书法大赛。除了在家乡修水,全国多地建有黄庭坚纪念设施,尤以广西宜州黄庭坚纪念馆闻名。

之五。20世纪30年代,修水建八贤词,黄庭坚位列八贤之一,国民政府临时参议院院长、国民政府主席林森为黄庭坚题写《黄文节公像赞》:"忠孝大节,炳耀千古。不磷不淄,贞操纯固。养气浩然,塞乎庙宇。余事诗歌,西江初祖。"

之六。1985年,黄庭坚纪念馆建成,全国政协原副主席、中国佛教协会原会长赵朴初为黄庭坚纪念馆题写馆名。

余 玠

　　余玠,字义夫,自号樵隐,宋宁宗开禧二年(1206)年正月出生,分宁县(今修水县)人,少年时曾在九江白鹿洞书院求学,后随父母寓居蕲州。

　　余玠数次参加乡试不第。宋理宗端平元年(1234),年近三十的余玠以一首词——《瑞鹤仙》拜会淮东制置使赵葵,词中"胸中恨谁省""要乾坤,表里光辉,照予醉饮",表达了他对当时蒙古侵扰的愤恨及建功立业的壮志。赵葵被深深感动,把余玠留在幕帐中,授予其进义副尉(后勤官员)一职。由于余玠在负责的营田、储粟、修城等工作中表现突出,赵葵赞其"明敏过炼",遂向朝廷推荐,因此余玠被任命为作监主簿(从八品),后又升至淮东制置使参议官。

　　宋端平三年(1236)二月,蒙古军侵入蕲、黄、广。余玠应蕲州守臣征召,协助组织军民守城,配合南宋援兵击退蒙古军,不久即以功补进入副尉,又擢升作监主簿。宋嘉熙元年(1237)十月,余玠在赵葵的领导下率部应援安丰军杜皋,击溃蒙古军,使淮右得以保全。次年,朝廷论功行赏,余玠进官三秩,被任命为知招信军兼淮东制置司参议官,进工部郎官。

　　嘉熙二年(1238)九月,蒙古大帅察罕进攻滁州,余玠率精兵应援,大获全胜。宋嘉熙四年(1240)九月,余玠被提升为淮东提点刑狱兼知淮安州,主持濠州以东、淮河南北一带防务。

　　淳祐元年(1241)秋,蒙古军察罕出兵安徽寿县。余玠率舟师进击察罕军,激战四十余天,使蒙古军溃退,凭军功拜大理少卿,升淮东制置副使。

　　宋淳祐元年十一月,蒙古窝阔台汗病死,内部纷纷争夺汗位,无暇全面部署对南宋的大规模战争,南宋王朝得以暂时休整和调整防御部署。宋理宗赵昀命在淮东屡立战功的余玠为兵部侍郎、四川制置使兼知重庆府,负责四川防务。余玠赴任后,革除弊政,轻徭薄赋,整顿军纪,除暴奖贤,广纳贤良,实行聚小屯为大屯等政策。余玠采纳播州人冉氏兄弟的建议,采取依山制骑、以点控面的方略,先后筑青居、大获、钓鱼、云顶(今四川南充南、苍溪东南、合川东、金堂南)

等十余城,并迁郡治于山城;又调整兵力部署,移金州(今陕西安康)戍军于大获,移沔州(今陕西略阳)戍军于青居,移兴元(今陕西汉中)戍军于合州(今合川东钓鱼城),共同防守内水(今涪江、嘉陵江、渠江),移利州(今四川广元)戍军于云顶,以备外水(即岷江、沱江)。诸城依山为垒,据险设防,屯兵储粮,训练士卒,经数年建设,逐步建成以重庆为中心,以堡寨控扼江河、要隘的纵深梯次完整的防御体系,边防稍安。

宋淳祐三年(1243)至宝祐元年(1253),在蒙宋战争中,蜀帅余玠以山城防御抗击蒙古军进攻的作战。

淳祐六年(1246),蒙古分兵四道入蜀,余玠继多次战胜蒙古军进攻之后,依靠新建立的山城防御体系,又打退了蒙古军的进攻。宋淳祐十年(1250),余玠调集四川各路精锐部队,誓师北伐。一部分兵力向陇蜀边界出击;自率主力,取金牛道向汉中(今属陕西)进发,三战连捷。次年四月,余玠率军十万进占汉中西之中梁山,潜军烧毁汉中至大散关(今陕西宝鸡西南)栈道后,率军围汉中数重,昼夜急攻。蒙古军修复栈道,各路援军会聚于此。余玠久攻不克,兵老师钝,只好撤军。宋淳祐十二年(1252),余玠率军击退进攻嘉定(今四川乐山)的蒙古军,四川抗蒙形势日益好转。

余玠在四川开屯田以备军粮,整顿财赋,申明赏罚。修筑山城和抗蒙有功的将士,都得到奖掖;违法的将官,受到惩处。利州都统制王夔凶残跋扈,号称"王夜叉",不听余玠调度,到处劫掠,余玠依军法斩王夔。经过余玠的整顿,四川驻军声势大振。蒙古军多次自西蜀来侵扰,都被宋军打退。

余玠守蜀有功,宋淳祐八年(1248)被任为兵部尚书,拜资政殿学士,仍驻四川;宋淳祐九年(1249)又任右丞相兼枢密使。淳祐十年(1250),他再被擢升为龙图阁学士,同年,理宗下诏:"余玠任四蜀,安危之寄已著,八年经理之功,敌不近边,岁则大稔。既浸还于大观,将益懋于运图。畴其忠勤,足以褒勉。可进官二等。"

宋淳祐十二年(1252),蒙古汪德臣部侵掠成都,围攻嘉定。余玠率部将力战,再次打退蒙古军。余玠抗战获胜,谢方叔却设法迫害余玠。

宋宝祐元年(1253),因余玠与统制姚世安不和,姚世安以宰相谢方叔为援,谢方叔和参知政事徐清叟等向宋理宗诬告余玠,称余玠独掌大权,却不知事君之礼。宋理宗听信谗言,召其还朝。余玠知有变故,愤懑成疾。同年七月,余玠在四川被迫服毒自杀。

逸事

之一。关于余玠到底是江西修水人还是湖北蕲州人多有争论。据黄沙镇汤桥长茅余氏家谱记载,余玠为修水人,少年时在庐山白鹿洞书院求学,与一个卖茶的老翁发生争执,过失致老翁死亡,因怕被追责,而潜逃至蕲州,之后从蕲州出发,步入仕途。蕲州至今有余玠墓,保存完好。

之二。余玠在四川任职期间,最大的贡献是构筑了钓鱼城坚不可摧的防御体系,它改写了欧亚历史。因此,余玠也被称为改写世界历史的抗蒙英雄。

公元 1243 年,蒙宋战争中,为抵抗蒙古五十万军队的进攻,时任四川制置使兼知重庆府的余玠,采纳了播州人冉氏兄弟的建议,在蜀口形胜之地钓鱼山筑城,并迁治所于其上,屯兵积粮,作为四川山城防御战的重要支柱。

蒙宋两军在钓鱼城山下沿江长二十余公里的范围内,历经大小战斗二百余次,鏖战了三十六年。特别是 1259 年,钓鱼城守将王坚、张珏充分运用钓鱼城地势之利击毙了蒙哥汗(元宪宗)及其总帅汪德臣。钓鱼城作为山城防御体系的典型代表,在冷兵器时代,充分显示了其防御作用。在余玠死后六年的"钓鱼城之役"中,它成为蒙古军队难以攻克的堡垒,蒙哥汗战死在钓鱼城,导致蒙古灭宋战争全面瓦解,使宋室得以延续二十年之久。蒙哥汗战死在钓鱼城,引发了蒙古内讧。为了争夺汗位,蒙古权贵们搁置战争,使蒙古帝国从欧亚长达万公里的战线上全面撤军。"钓鱼城之役"成为扭转欧亚战局的著名战役,创造了古今战争史上的奇迹,改写了世界历史的进程。所以,欧洲人称钓鱼城为"上帝折鞭处""东方麦加城"。因此"钓鱼城之役"的影响已远远超越了中国范围,它是世界史上浓墨重彩的一个篇章。现中国人民革命军事博物馆制作了钓鱼城古战场的沙盘模型,以展示其在中国古代战争史上的重要地位。

之三。1937 年,修水建八贤祠,余玠被列为八贤之一。中国近现代政治家、书法家于右任先生题写《余义夫公像赞》:"十年西蜀,治臻上理。宋室屏藩,唯公是倚。功德在民,哀弥考妣。仪型百世,精神不死。"

附文：

修水长茅人、南宋名将余玠

谢小明　余昌清

全宋时期，修水长茅余家是当地望族，史料记载，仅宋朝修水长茅余氏就有进士五十三人，其中榜眼一人，探花两人，丞相两人，尚书八人，曾被皇帝御封"一门三太守，四代五尚书"，有"兄弟九人同登龙虎榜"的美誉。南宋末期卓越的军事家、政治家，著名的抗蒙将领，官至兵部尚书、四川安抚制置使兼知重庆府的余玠就出生在修水长茅。

一首清词入幕府

余玠（1206—1253），字义夫，号樵隐，又号执恭，父亲余绍立为当朝举人。余玠自小聪明，勤奋好学，启蒙于其父任教的长茅青青轩书院，后转至县城濂溪书院（周敦颐创办），1221年进庐山白鹿洞书院，列李燔门下。余玠在白鹿洞书院时，因"殴一茶翁致亡"，身负命案逃亡至湖广蕲州，投靠其弟余璇，为避嫌，隐其分宁故籍，自称蕲州人氏。

负罪逃亡的余玠，目睹了蒙古侵宋，人民处于水深火热之中。理宗端平元年（1234）秋，余玠以一首《瑞鹤仙》拜会时任淮东制置使的赵葵，毅然投军报国。赵葵深为感动，收余玠入淮东幕府上客，授"进义副尉"。

八年抗蒙初试才

余玠自1234年秋进入赵葵幕府至1242年在江淮抗蒙八年，屡建奇功。

1234年，余玠为赵葵出谋划策，出色完成了江淮战场"强边、固本"的任务，受赵葵重用。1235年，蒙军南侵，直捣蕲、黄；余玠因父亡正在服孝，毅然戴孝率军抵抗，击退了蒙军的进攻。次年二月，理宗下诏嘉奖，提任他为宣教郎、襄阳府通判兼京西制置司机宜文字制，为名将孟珙"参画"军务。1237年10月，蒙军侵安丰，赵葵指挥各路援军"协办捍卫"，蒙军溃败，余玠立大功，以"权发遣招信军"兼制司参议官，授京官工部郎官。1238年，蒙军八十万围泸州未遂，改东窜滁州。余玠率招信军赴援，不料蒙军又转攻长县；余玠回军猛击，蒙军大败。此战胜，理宗又一次下诏嘉奖。

是时，蒙古控制了河南三十余城，并广制军器，大造战船，图谋"镇抚中原"。

宋室惶恐至极，任余玠为总领，派精锐水军潜入河南腹地，转战汴、洛数州，以寡敌众，毁其造船设备，全师而还。余玠因此连进三秩，1240年升淮东制置司节制招信军，兼知淮安州，十月主濠州、淮河南北的防务，节制江苏应天、安徽宿州等地军马，成为淮东战场的重要指挥者。1241年，蒙军攻破安徽寿州，余玠为解安丰之围，经四十天会战，终使蒙军败退。余玠以淮东提刑立战功，官拜大理少卿，升淮东制置副使。

临危受命许豪誓

1242年5月，余玠奉命入朝奏对，针对时弊提出"必使国人上下事无不确实，然后华夏率孚，天人感格"；针对用人制度提出"愿陛下视文武之士为一，勿令偏有所重。偏必至于激，文武交激，非国之福"。理宗大加赞赏，遂调余玠入川委以宣抚之责。余玠当年改任兵部侍郎、四川安抚制置使兼知重庆，负责四川防务。当时因南宋王朝寄托于"蒙宋议和"，以求苟安，全川州郡十之八九已在蒙军铁蹄之下，余玠在四川不守、京湖危急、临安难保的紧急关头临危授命，深知此行是以收复失地为己任。在"陛辞"典礼上，他面对理宗许下了"幸假十年，手挈四蜀之地，还之朝廷"的气壮山河之誓言。

十年治蜀建奇功

余玠赴川后，轻徭薄赋，革除弊政，整顿军纪，除暴奖贤，广纳贤良。1244年，余玠制定了《经理四蜀图》，完成治蜀纲要：一、起用地方势力，动员流散力量回川；二、建立山城防御体系，据险筑城，以步制骑；三、建立耕战结合的地方行政组织体系，实行人民战争；四、确定钓鱼山的重要战略地位；五、接纳杨文"守蜀三策"——上策为御敌于蜀门之外，中策为择险建城，以抵抗为根本，下策为保江自守，纵放来去。

针对蒙古军骑术精良、善于野战的特点，采取依山制骑、以点控面的方略，依山为垒，据险设防，屯兵储粮，训练士卒，逐步建成以重庆为中心，星罗棋布，互为声援，以堡寨控扼江河、要隘的纵深梯次完整的战略防御体系。依靠新建立的山城防御体系，余玠屡败蒙古军，改变了被动挨打的局面，四川抗蒙形势日益好转，为以后抗蒙作战奠定了良好基础。1246年，蒙古分兵四道入蜀，余玠凭山险制骑，屡出奇兵，英勇作战，打退了蒙军的多次进攻。1248年，余玠守蜀有功,被任为兵部尚书,仍驻四川。1250年,余玠调四川各路精锐部队北伐,三战连捷。1252年,余玠率军击退进攻嘉定的蒙古军。

在山城防御体系中,钓鱼城是其核心和最为坚固的堡垒,内有大片田地和四季不绝的丰富水源,具备长期坚守的地理条件,具有依恃天险、易守难攻的特点,川边之民多避兵乱于此,钓鱼城因此成为兵精食足的坚固堡垒。在余玠死后六年的"钓鱼城之役"中,它成为蒙古军队难以攻克的堡垒,蒙哥汗战死于此,导致蒙古灭宋战争全面瓦解,使蒙军的第三次西征停止,使宋室得以延续二十年之久,缓解了蒙古势力对欧、亚、非等地区的威胁,因此钓鱼城之战的影响已远远超越了中国范围,它在世界史上占有重要的一页。现中国人民革命军事博物馆制作了钓鱼城古战场的沙盘模型,以展示其在中国古代战争史上的重要地位。

十年间,余玠由兵部侍郎、四川制置使升兵部尚书、四川制置大使,经华文阁侍制,进徽猷阁学士,再进龙图阁学士、端明殿学士,功高一时,官盖一世,因此引起了同僚们的妒忌。奸臣谢方叔、徐清叟诬其"持治蜀有功,拥兵擅制,阴蓄异志背叛朝廷"。理宗听信谗言,于1253年5月17日至6月13日,连颁三道金牌将其召回。余玠自知命运不济,抑郁而疾,6月26日,逝于任所(一说被迫服毒自杀),一代枭雄抱恨而终。全川军民得其死讯含泪相告,悲痛至极。

(此文发表于《九江日报》)

莫　将

　　莫将(1080—1148),字少虚,谱名文砚,生于宋神宗元丰三年(1080)四月二十日,修水漫江人,宋代名臣。因为父亲是朝廷官宦,莫将被朝廷授予官职,做过几任县令,功绩显著,绍兴七年(1137),提升为太府寺丞,1138年再次擢升为徽猷阁侍制京畿都转运使,迁工部侍郎名誉礼部尚书兼侍读奉使,继晋工部尚书任京西宣谕使,不久拜敷文阁学士知明州,提举江州太平观,任福州和广州知府。少虚在朝以学问自结,主知太上屡受嘉奖,后赴边疆抵抗金兵。高宗绍兴十八年(1148)十月初十,莫将病逝于广州官所,终赠端明殿学士,葬江西新建县(今南昌新建区)五谏乡新城里,修水漫江乡尚丰有衣冠墓。

　　莫将所处的南宋风雨飘摇,经历"靖康之耻"后,康王赵构南逃,在南京应天府(今河南商丘)称帝,后定都临安(今杭州)。国难家仇使一批仁人志士奋发图强,以收复失地、报仇雪恨为目标,代表人物有岳飞、韩世忠等。但偏安一隅的赵构,打的算盘是享受纸醉金迷的生活,哪管被扣北地的靖康皇帝和在铁骑下呻吟的人民?在韩世忠、岳飞等主战将领浴血拼杀下,战场形势一片大好,收复失地、直捣黄龙的目标指日可待。赵构召韩世忠、岳飞、张俊等入朝"论功行赏",升迁韩世忠、张俊为枢密使,岳飞为枢密副使,实际上是剥夺三人的军事指挥权,为屈膝投降扫除障碍。之后,他声称自己的母亲被金人扣押在手,如果贸然进攻,将危害母亲性命,因此一再阻止主战派进行军事进攻的倡议。为掩人耳目,他建慈宁宫,说是为迎接南归的母亲而建。

　　绍兴十年(1140),宋高宗派遣莫将、韩恕等充任迎奉梓宫、奉迎两宫使,前往金国迎护宋高宗的母亲及其他人回临安。一味地投降得不到敌人的尊重,金人不但没有把宋高宗的母亲等人交给莫将,反而把莫将等使臣一并扣押于军营,时间近两年。

　　面对金人的威逼利诱,莫将不为所动,坚决不为金人所用。金大将金兀术恼羞成怒,在写给宋高宗的信中指责"莫将之来,辄申慢词,背我大施",从侧面真实反映了莫将在金国的表现。

莫将的大义凛然、据理力争,宋高宗的委曲求全、大量耗费钱财,终于使得金国同意放回宋高宗的母亲等人。莫将因出使有功,升为工部侍郎,之后,又充任京西宣谕使,不久,以敷文阁学士的身份知明州(今浙江宁波)。此后,莫将提举江州太平观,后又任福州知州和广州知州。

莫将任福州知州时,福建强寇管天下、伍黑龙、满山红等啸聚沿海,攻州破县,荼毒生灵。更有地方一些游手好闲之人开门揖盗,甘做带路党,两股势力合流,危害极大。莫将充分调研、分析福建各州军事力量。因为金人进逼,朝廷无暇打击盗寇,即使抽少量人马,也对付不了隐蔽性强、流动性极大的盗寇。莫将深思熟虑,请求朝廷准许福建各州守臣招募强壮的乡民组成地方武装,抵抗盗寇侵扰。朝廷批准后,漳、泉、汀、建四州长官照计行事,地方武装建立后,为保境安民、清剿匪寇发挥了积极作用。绍兴十八年(1148),莫将的继任者薛弼奏请朝廷,以福建地方武装为基础,成立左翼军,左翼军在维护地方治安、抵抗金军侵略方面做出了不少贡献。

莫将还是一位著名的词人。《全宋词》中收入莫将的词共十三首,《全宋文》和《全宋诗》中都收有莫将的诗文。莫将的词多写梅花,其形态描摹逼真,风骨超脱,反映了一个士大夫在风雨飘摇的朝代、尔虞我诈的官场的品行操守。

附:

木兰花·十梅未开

一枝和露珍珠贯。月下回来寻几遍。今朝忽见数枝开,未有十分如待伴。
新妆不比涂妃面。雪艳冰姿寒欲颤。外边多少扫春人,春信莫教容易断。

木兰花·晨景

梅边晓景清无比。林下诗人呵冻指。玉龙留住麝脐烟,银漏滴残龙脑水。
晨光渐渐收寒气。昨夜遗簪犹在地。好生折赠镜中人,只恐绿窗慵未起。

逸事

之一。莫将到明州任知府后,发现当地尚无可以推崇的历史文化名人。他首先想到了自己崇拜的大诗人贺知章。贺知章是唐代大诗人,李白尊称他为

"四明逸老"。莫将考证明州来历为"取四明山为名",恰好贺知章自称"四明狂客"。莫将认为,明州是"磅礴积郁之地,宜有魁奇才识之士,必季真乃当之";于是他把距明州数百里的贺知章纳为明州人,于绍兴十四年(1144),在景色宜人的月湖柳汀南端建"逸老堂",又称贺秘监祠,设贺知章画像祀奉。如今,该处已经成为宁波一处知名景点。

之二。1937年,修水建八贤祠,莫将被确定为八贤之一。《莫少虚公像赞》称赞道:"才足匡时,而名弗彰。力可回天,而愿克偿。瞻遗容之肃穆,宜永荐乎馨香。"

宋朝寅

宋朝寅,号虎西,宋理宗绍定四年(1231)农历四月十二日出生,分宁县(今修水县)泰乡吴都人。

1274年,年过四旬的宋朝寅参加殿试,登进士第,不久,擢升资政殿大学士、工部尚书。时杰称其有汉高祖入关除秦之果敢,有汉文帝执法之坚毅。在他满怀壮志,正想发挥奇才为国效力之际,南宋江山日趋西沉。在南宋王朝败局已定时,他保持"不为敌所俘,不为敌所侮"之高节,毅然弃官为民,返回故里梁溪设馆执教育人。他恒以忠义,普善济世而著称于世。端宗景炎二年(1277),民族英雄文天祥率军入赣抗击元兵时,宋朝寅与江西豪杰尽力支持,使元兵抗击战在赣暂获胜利,收回许多失地。元成宗大德元年(1297)十二月二十四日,宋朝寅卒于家。

宋朝寅为官清正廉洁、精明干练,不耽于繁文缛节而善于抓住主要矛盾和矛盾的主要方面。他善于团结同僚,指出别人的过失时避免过于直接,而是用自己熟练掌握的历史人物和历史事件借古喻今,深得皇帝宠信和同僚敬重。

宋朝寅乐善好施,弃官归家后,他钦佩双井黄氏开办私塾、教化子弟的义举,掏出多年积蓄,在家乡创办一所学校。学校取祖籍地梁溪之名,叫梁溪精舍,供宋氏子弟求学。该校在宋朝寅精心打理、延聘名师下,名声大噪,为当地培养人才发挥了积极作用。

1275年,元军突破宋军长江防线,南宋王朝岌岌可危,朝廷下诏勤王。名将文天祥在家乡吉州庐陵召集义军,抵抗元军侵略,之后转战汀州、漳州、泉州等地。宋朝寅以家国为重,组织家乡宋氏子弟构建寨垒,响应文天祥的军事行动。在共同抵御外敌入侵的血战中,宋氏子弟多有参加文天祥义军,最后战死沙场的壮举。

逸事

之一。在元军即将渡过长江天险进攻临安的关键时候,宋朝寅辞官回归故里。怎样评价他的这种行为？一方认为宋朝寅大敌当前辞官,属于临阵脱逃,是怯懦的表现;另一方则认为,不能以现在的价值观去要求一个封建士大夫;宋朝寅辞官的初衷应该是"不为敌所俘,不为敌所辱",而且他全力支持文天祥抗元大业,这说明宋朝寅深明民族大义、置个人生死于不顾。

之二。1937年,修水重建八贤祠。1921年参加共产党,1925年担任黄埔军校秘书长,后担任国民革命军司令部秘书长、国民党中央宣传部部长、国民党参政会秘书长等职务,中华人民共和国成立后担任过全国人大常委、政协常委的邵力子题写《宋尚书虎西遗像赞》:"六百余年久,名贤事未湮。时衰空感忾,政简识弥伦。投老仍忧国,挥弋尚勉人。清芬垂道貌,祠庙肃明禋。"

祝 彬

祝彬，字文夫，号悠然，南宋理宗景定元年（1260）四月二十四日生，分宁县（今修水县）奉乡吴仙里人。祝彬少读诗书，乃饱学之士，但恰逢元朝灭南宋之际，科举废，待元仁宗延祐二年（1315）才恢复。延祐四年（1317），年将六旬的祝彬参加乡试，获第八名。元英宗至治三年（1323），年已六十四的祝彬以举子身份参加京试，走上仕途，被朝廷授予将士郎，任抚州路崇仁县县丞。泰定帝泰定三年（1326），祝彬受命参加乡试阅卷，以才华和品行得到朝廷器重，擢升为应奉翰林文字、徵事郎、同知制诰、兼国史院编修。泰定四年（1327），朝廷再任命他为翰林院编修。元统二年（1334），因年事已高，祝彬衣锦还乡。至元二年（1336）十月二十二日，祝彬病逝。

祝彬是修水八贤中唯一在元朝做过官的人。在战火纷飞、社会急剧变化的时期，没有坚韧意志和高尚品德的人是实现不了的。

祝彬目标坚定，他幼时就在家族创办的"祝氏流芳书院"学习，专攻经史，坚守"学而优则仕"的信条，成绩优秀。值元朝灭宋，在所占领土实行歧视性统治，把人分为蒙古、色目、汉人、南人四个等级，以蒙古人种最为尊贵，享有至高无上特权。在这个特定的时期，祝彬依然坚守经世致用的信条，不放松学习。待元朝统治者为了缓和社会矛盾、巩固统治权力，推行自隋唐创立的科举制度之际，已经做好准备的祝彬终于脱颖而出。

祝彬品行高洁。他参加秋闱乡试阅卷，以才华示众，以廉洁自律，赢得泰定皇帝"性禀淳德，天毓奇才，明孔孟之正传，契程朱之奥旨"的评价。只过一年，朝廷再擢升他为翰林院编修，理由是"朕翰林院乃文章之府，职任匪轻。编修掌制诰之臣，才名至重，欲称兹选，实难欺人。徵事郎、应奉翰林文字、同知制诰兼国史院编修祝彬学贯天人，才兼经济，性禀淳德，天毓奇才，明孔孟之正传，契程朱之奥旨"，对祝彬的才华、品德给予了高度评价。

祝彬去世后，朝廷为了表示对他的恩宠，赠予他父亲进贤县尹的称号，又赠予他母亲熊氏、夫人黄氏宜人的称号。

逸事

之一。祝彬作的诗文辞清新,情真意切,多抒发思乡之情。如《春日寓大都寄弟仁山》中写道,"春日载阳笋蕨嫩,桃花滚滚鳜鳙肥。何须更待秋风起,思忆纯芦始回归""扁舟远涉思凄凄,旅食京华岁月稽。哄动车声惊午枕,悠悠残梦大江西"等,表达了对故乡的怀念,从一个侧面反映在京为官不易。

之二。元代四大诗人之一的揭傒斯非常崇拜祝彬,不远万里到祝彬墓地祭拜,并题写外碑铭及诗词。他高度称赞祝彬"如是读书,如是应举,如是为官,如是致仕"。他以祝彬家乡景色为题材创作的诗歌,反映了他的赞赏之情,如《书悠然先生道院》:"地僻疑无路,开天忽见田。溪山如有待,草木亦鲜妍。和米芋头饭,无盐苦菜羹。山中甘此味,自足乐余生。"

之三。1937年,修水重建八贤祠。曾任江苏省政府主席、国民党中央宣传部部长的叶楚伧应邀题写《祝悠然先生像赞》:"学莫切于慎独,治莫急于求贤,俯仰无愧,洵自乐其性天。本修己以衡寸,庶体用而俱全。谁克臻斯旨者,吾唯想象夫悠然。"

冷应澂

冷应澂,字公定,号觉斋,南宋隆兴府分宁县(今修水县)人,生于宋孝宗淳熙十四年(1187)十月,殁于宋恭帝德祐元年(1275)。

宋理宗宝庆元年(1225),冷应澂登进士榜,步入仕途,被任命为庐陵(今江西吉安)主簿,因廉洁能干,主持公道,得到朝廷重用,不久被调往静江府(今桂林市)任司录参军,之后改任万载知县。冷应澂因政绩显著擢升道州(今湖南道县)通判,管辖营道、江华、永明、宁远四县;又调任榷货务,为政府推行货物专卖竭智尽力;后进入登闻鼓检院,专司联络社会组织、发挥社会组织作用之责,成绩卓著。

宋理宗景定元年(1260),冷应澂奉诏督办粮饷,表现突出,擢升德庆府(今广东德庆)知府,因政绩显著升任广南道提举常平兼转运使,不久加任直秘阁,召为都官郎官。冷应澂还未上任,宋度宗再次下诏,升他为宝章阁学士,并知广州,主管广南东路经略安抚司公事、马步军都总管,并继续统领从水路向朝廷输送粮食事宜,后因年事已高告老还乡。1275年,冷应澂以八十八岁高寿去世,葬湖南平江龙门。

冷应澂处理政务深谋远虑,因事制宜,有恢宏气概。他任万载县令时,恰逢灾荒,民众饥苦,有的人家迫不得已把孩子舍弃在道路边,期望有好心人收养。冷应澂了解情况后,下令有收养条件、收养能力的家庭收养这些被遗弃的孩子;同时,为了解决收养家庭的后顾之忧,明确遗弃孩子的家庭以后不得追回孩子的抚养权,从而解决了一个严重的社会问题。这一做法深得户部尚书叶梦得赞许,他还把这一做法推介给其他州县。

冷应澂任德庆府知府时,因为前任治理不力,地方豪强鱼肉百姓,致使民不聊生。百姓揭竿而起,响应的人越来越多,攻击目标直指德州府城,数千人在德州府城仅六十余里的地方安营扎寨。冷应澂分析清楚形势,率领官兵在府城外驻扎。他亲笔书信一封,送给起事的组织者。他在信中言辞恳切地指出:"你们起事,不是自己想反对官府,而是因为官府无能、豪强欺凌。现在,朝廷新任命的知府已经上任,他将惩治贪官污吏,打击欺压老百姓的行为。因此,你们可以解散人马,安心回家务农。如果执意与官府作对,被捉拿后将受到严厉惩罚。"起事的组织者拿到这封信后犹豫再三,打不定主意,人心思动。冷应澂乘势指挥官兵进攻,捉拿住起事的组织者,遣散了其余数千人。冷应澂没有惩罚几个首领,在给以训诫后勒令他们回家。到达府城后,冷应澂召回散逸的官吏,全力处置引起民变的官吏、豪强,一律严惩。冷应澂处置民变、恩威并施的手段,深得广东经略安抚使雷宜中称赞,他向朝廷举荐冷应澂,认为"冷应澂可堪大用"。

催收租税在哪个朝代都是麻烦事,冷应澂任德州知府时,下辖县多以居住偏远、路途不便为由拖欠租税。他没有像前任那样派官吏下去征收,也没有以扣押管理俸银做要挟。他只是下了一道告示:能在规定时限前交清税费的,给以减征少征优惠;减征少征份额,由拖欠者承担。这一告示一出,各县你追我赶,各户争先恐后,抢的就是那个优惠。往年拖欠税费的情况迎刃而解。粮饷充足,使得冷应澂有能力来补足往年拖欠官吏的俸银。几招齐出,冷应澂得到官吏、百姓一致拥护,在朝廷考评时,表现优秀。

逸事

之一。冷应澂担任庐陵主簿时,职责是为主官掌管文书。因为他廉洁执事,秉公办案,赢得百姓信赖,所以打官司的人"愿下庐陵请主簿",认为再难的官司只要冷应澂审理,就可以得到公正判决。

之二。冷应澂为官以勤廉为宗旨。他尊崇两晋名士陶士行、卞望之的仁廉、忠孝,曾在《述怀》诗中直抒胸臆:"仁廉两个字,忠孝一生心。出省轻侯印,归宁问俸金。"在数十年仕途中,他坚守的座右铭是"治官事当如家事,惜官物当如己物",以高的标准要求自己。正是因为他的事迹、品行在当今仍有教育意义,湖北人民出版社出版的《肃贪通鉴》中,收录了冷应澂的事迹。

之三。冷应澂去世后,朝廷鉴于他寿高功重,遂允许他在故乡之外的地方安葬。他的子孙延请风水先生,在湖南平江择得吉地一块,安置了冷应澂。所以,他在故乡没有墓地,这点有别于其他先贤。

之四。1937年,修水重建八贤祠。曾任中山大学校长、国民党中央宣传部部长的戴传贤应邀题写《冷公应澂遗像赞》:"起家主簿,扬历安抚。百世堪称,平寇御侮。"

章 鉴

章鉴,字公秉,号杭山,隆兴府分宁县(今修水)人,宋宁宗嘉定八年(1215)出生,殁于元世祖忽必烈统治的至元三十一年(1294),葬于杭口镇下杭村佛塔垄。

据史载,章鉴以别院省试及第,仕途亨通,官至中书舍人、左侍郎、崇政殿说书、签书枢密院事兼权参知政事,迁同知枢密院事。南宋咸淳十年(1274),章鉴升任右丞相,兼枢密使。第二年,面对元兵入侵,章鉴找借口离开朝廷。后局势暂缓,朝廷召章鉴回朝,罢免了他的右丞相职务。他结束仕途后,栖居故乡山水间,终老山林。

章鉴在朝以宽厚著称,"凡事无多不可,器局宽宏,百忤不愠,尤彬记人之过"。他待人处事,以礼为先,友爱同僚,被称为"满朝欢"。他与抗元名将文天祥交往甚密,文天祥曾赋《谢章鉴杭山书》《上章鉴杭山书》,诗中表达了他对章鉴的尊崇之意。

面对强敌入侵,章鉴早有清醒的认识,他写道:"烽烟莽荡震临安,驿报驰来万户寒。"当时朝廷,皇帝走马灯似的更换,唯一不变的是边境战败的驿报、朝廷中喧嚣的战与和的争论。为了不做敌国的俘虏,章鉴选择了挂冠而去。虽然离开朝廷,但他无时无刻不惦念政事,他在《过茅竹山》一诗中写道:"不信世间陵谷变,野樵偏识旧衣冠。"他对自己在国家处于危难之时做逃兵深怀歉意。在经过先贤黄庭坚故里双井钓台时,他写道:"怕见先生面,黄昏过钓台。"其后悔之情跃然纸上。生命垂危之际,章鉴回首一生成败得失,对家人感慨道:"吾生平无他憾,独挂冠不早尔。"

章鉴不是一个有能力救民族于水火的英雄,但他是一个实践儒家学说的人。相对于他的同僚、投降于元朝的留梦炎、黄万石之流,他最起码保持了封建士大夫的清白。正是因为他与元朝的不合作态度,使得元朝地方官派人到他家乡寻找他的坟墓,欲挖之图后快。幸有百姓保护,其坟墓才得以保存。

章鉴的诗词有一定的名气，著有《杭山集》，因兵燹散佚。仅从他创作的《杭山》《杭山八景》《过茅竹山》等诗歌，也可以看出他对家乡的热爱，对时局的关心，颇见功力。

逸事

之一。章鉴被罢官后，有人诬告他藏有宝玺。官员私藏宝玺可是大罪，朝廷马上派官兵到章鉴家里搜查。其时，章鉴正盖着破旧的棉被蜷缩在床上。官兵搜遍屋里屋外、角角落落，仅搜得玉杯一个，再无其他财物。他可曾是"正议大夫，爵南昌郡开国公，食邑三千二百户，食实封九百户"，俸禄丰厚。经此一搜，足见章鉴清廉自律。

之二。1937年，修水重建八贤祠。曾担任过国民政府代总统的李宗仁应邀题写《章公杭山赞》："欲出匡时，而遭时之不可违；退止洁身，而未以身同天下之安危。盖其目击朝纲之败，国势之衰，徒分亡国之咎，难为大厦之支。敝屣荣利，而径去迹，惺怵而心可悲。迨以被累放归田里遨嬉，横来匿玺之谤，几于不测之罹。幸素行之高洁，终身泰而名垂……"李宗仁综述章鉴一生，最后肯定"公犹不失为吾汉族男儿"，对章鉴做了客观公允的评价。

刘　陵

　　刘陵,西汉人,字孟高,修水人,官至长安令丞。以前长安多老虎,为防虎害,老百姓纷纷迁徙他乡。刘陵到任后,整治官场秩序,鼓励老百姓发展生产,长安气象为之一新。一个多月后,境内老虎匿迹,外迁的老百姓纷纷回家。

　　因为政绩突出,刘陵官拜侍中别驾,陪伴在皇帝身边,以耿直著称。有一次,皇帝登上马车,因疲倦想躺着休息。刘陵见状马上跪下奏道:"您是尊贵的皇帝,为万民敬仰,现在坐进车内,身姿不正,精神猥琐,能顺应天地、万民对您的期待吗?"皇帝听了,觉得有道理,面露羞赧之色,说:"我诚恳接受侍中你的建言。"刚直是刘陵的秉性,他回到乡间,仍秉性不移,经常为人打抱不平,深受群众好评。他在艾城(今永修艾城镇)病逝后,老百姓专门立祠祭祀他。

周彦中

周彦中,名讳权,别号宜斋。其少年时就聪慧好学,随叔父南山公学习,知识广博但没有取得功名。周彦中孝敬父母,没有特殊原因不离开父母。他的兄长柏因为琐事被乡人诬陷,周彦中出面解决。他的弟弟梧生病,周彦中请医问药,精心照顾。在他的影响下,他的家人和睦相处,没有纠纷。周彦中家族的祖坟地被乡人侵占,调解不成,周彦中被迫到官府投递诉状。官府震怒,把强占祖坟地的几个当事人逮进大狱。周彦中知道情况后,撤回诉状,把几个人保了出来,并再也不提祖坟地一事。当时的人听到这件事,感慨万分,称赞他是一个义字当先的人。

乡邻有矛盾纠纷,都喜欢找周彦中解决。周彦中善于用老百姓懂的道理来解决纠纷,矛盾双方都乐意接受。有的人为感谢周彦中解决纠纷的功劳,千方百计地送礼物给他。周彦中说:"我帮你们处理问题,解决矛盾,目的就是要防止你们费钱费力还伤了邻里感情。现在你要送东西给我,不是与我的愿望相背吗?"当事人听后,惭愧地走了。对那些豪强横逆之人,周彦中毫不计较。在对方需要帮助时,他还积极帮助人家,当时的人都称赞他。

碰到典卖田地的,周彦中如果要买,一定给超出卖主期望的价钱。有的人莫名其妙,问:"你不压他的价钱就罢了,怎么给的钱比他要的还多?"周彦中语重心长地解释:"如果不是遇到困境,谁会卖田卖地?如果乘人之危,压价购买,不是雪上加霜吗?那样太不道德。"听到的人莫不佩服。

有一年蝗灾,老百姓人心惶惶,束手无策。周彦中带领百姓到神庙祈祷,他停在庙前的轿子上,也飞来几只蝗虫。一会儿,数十只雀鸟飞来,奋勇啄食蝗虫,看到的人莫不称奇,认为有周彦中带领,一定可以消灭蝗虫。

周彦中管教孩子以严厉著称,不但要求孩子学业有成,而且要求孩子养成清白的品性。在他的教导下,他的孩子汝和进士及第,官至司寇,以清白的官声闻名。

吴 猛

吴猛,晋代道士,字世云,豫章县(今修水)人,祖籍濮阳(今河南濮阳县),是净明道信仰体系里十二真君之一,历史上以孝道(恣蚊饱血)著称。

史载,吴猛初仕孙吴,为西安令,为官清廉,为民兴利除害,精于医术,有药到病除的本领。四十岁时,吴猛得奇人丁义神方,继师南海太守鲍靓,复得秘法。吴黄龙年间,吴猛得白云符,遂以道术大行于吴晋之间;晋武帝时,以所得秘法尽传许逊。当时流传有许多关于许真君的传奇故事,著作郎干宝感其异,作《搜神记》行于世。宋政和二年(1112),徽宗封其为真人。

吴猛也是中国传统文化中二十四孝之一"恣蚊饱血"的主人公。

据说吴猛从小就非常孝顺父母。吴猛家里很贫穷,床榻上没有蚊帐。南方蚊子多,每到夏天,又大又黑的蚊子咬得一家人睡不好觉。

八岁的吴猛心疼劳累了一天的父母,为了让他们睡个踏实觉,他想了一个办法。每到晚上,吴猛就赤身睡在父母身旁。小孩子细皮嫩肉的,蚊子都集聚在他身上,且越聚越多。吴猛却不驱赶,任蚊子叮咬、吸血。

吴猛认为蚊子吸饱了自己身上的血,便不会去叮咬父母。八岁孩童的这种想法真是可笑,却让人笑不出来。虽然其法不可取,但只有对父母爱到极点的人,才会有这种"痴傻"的行为。这是一颗多么纯净的童心啊!

吴猛的故乡何市镇吴仙里,至今保存有丹霞宫,宫内敬奉孝模吴猛、福主许逊、净明忠孝教匾等,遗留丹井、炼丹炉等。

黄　赡

　　黄赡,公元904年生于浙江金华,南唐人。其时,南唐经济繁荣,又修文学,发展科举,囊括天下人才,其实力在周边列国中最强。

　　后南唐皇帝李璟兴兵攻占楚国,朝野共欢,只有黄赡上书,痛陈战争之弊,主张发展经济,实现强国富民的目标。李璟对黄赡大为赏识,952年,授予其著作佐郎,知分宁县事,并兼湖南兵马副使。

　　黄赡上任后,在修水为官勤政、恪守职责二十年,尊重民风民俗,严令不得犯扰楚地民众,并鼓励境内边民与楚地边民互相往来,在水涝旱灾年主动调剂粮食物资相助,受到当权者和百姓的好评。

　　后黄赡去官游于湖湘洞庭间,但自"念山川深重,可以避世,无若分宁者",认定修水是一个避兵祸、兴人丁的理想家园,遂将父母、两弟及二位伯父迁此落户。当时黄赡定居于布甲乡黄塅,后其子元吉在依山傍水、风景如画的杭口镇双井村建起了规模宏大的家园。

黄茂宗

黄茂宗,原名黄沔,别号昌裔,生于宋太宗淳化二年(991),因须以字参加考试,故以茂宗为名,昌裔为字。宋真宗大中祥符年间,黄茂宗参加国学院进士考试,名列十人中,被授崇信军(今湖北随州)节度判官。黄茂宗的父亲黄中理将创办的樱桃、芝台两书院移交黄茂宗主持,黄茂宗遂辞官专事书院教学管理。后来,应朝廷征召,黄茂宗复入仕途,宋仁宗至和二年(1055)九月十一日,病逝于余杭任所,终年六十五岁,归葬于家乡云崖潭上。

书院是唐代末年出现的一种重要的教育组织形式,是私学教育发展的最高形态,成熟于北宋开国十余年后。北宋时期,江西文风鼎盛,就得益于江西书院兴起,使得青年子弟能够接受良好教育。

当年,黄茂宗父亲黄中理依托家族积攒的财富和数万卷图书,于宋太宗太平兴国年间建樱桃书院、芝台书院,培养了许多黄姓子弟,吸引了来自全国各地的游学之士。随着年岁渐高,身疲力倦,黄中理遂命儿子茂宗继承事业,把书院发扬光大。

黄茂宗没有辜负父亲的期望,毅然辞官主持樱桃书院、芝台书院事务。他广揽名师到书院授课,提升教学质量;打破书院仅为黄姓子弟提供教学的陈规,面向周边异姓子弟敞开大门,并为贫困学生提供生活资助,获得良好的社会声望。他亲自授课,以其"高材笃行"言传身教,使学生受益良多。书院教育硕果累累,黄茂宗辈十兄弟皆进士及第,世人誉为"十龙",声名远播。黄茂宗后,登进士第、北宋著名书法家、诗人黄庭坚及众多考取进士的人才都出自樱桃书院、芝台书院。书院吸引全国各地有志学子求学,据《江西省通志》记载:"延四方学者,宋郊、宋祁并至焉。"其时,两宋皆为青年学子,不远千里从湖北赶往樱桃、芝台书院。之后,两宋同登进士第,宋郊官至宰相,宋祁官至工部尚书。

逸事

之一。黄茂宗参加进士考试,以《木铎赋》应对,主考官定同期考生士文为第一,而将黄茂宗落选。朝中官员蔚氏在翰林学士胥偃处偶然见到《木铎赋》,大为惊奇,拉着胥偃去找主考官,问:"举子黄茂宗能够写出这样的文章,你们不取他,如何叫天下人信服?"其他人比较了王文和黄茂宗的文章,都说王文不能得第一。直到胥偃透露王文是皇帝钦点,大家才作罢。最后,获知情况的参知政事赵安仁、翰林学士刘筠出面,才把黄茂宗列入进士名单。

之二。黄庭坚对叔父黄茂宗极为崇敬,在《叔父和叔墓碣》一文中写道:"光禄生茂宗,字昌裔。昌裔高材笃行,为书馆游士之师,子弟文学渊源皆出于昌裔。"

之三。樱桃书院、芝台书院影响深远,两百年之后的南宋进士袁燮在为分宁黄氏后裔黄辈撰写行状时,对此称赞有加:分宁黄氏"以儒学奋一门,兄弟共学于修水上芝台书院,道义相磨,才华竞爽,时人谓之十龙"。

王 本

　　王本，字观复，幼聪慧，六岁能写诗，每天背诵的文字在千字以上。宋元丰八年（1085）中进士，被任命为南雄州保昌县主簿，之后分别调任袁州司户参军、歙州祁门县令、磁州录事参军、宣德郎、秀州海盐知县等职务。因为政绩突出，品行优良，王本继续被提拔为朝议大夫、直龙图阁、提点京畿刑狱、秘阁修撰、集英殿修撰等。当皇帝要任命他为都水使者时，王本以不熟悉业务辞掉任命，改任洪州知州，没多久，改任京畿转运使。皇帝召见他，说："洪州没有大问题，不足以耗费你的心力。而京城吏治松弛，秩序混乱，这才是我要任命你为京畿转运使的原因。你要协同其他部门，把存在的问题解决好，请不要辜负我对你的苦心。"王本谨记嘱托，配合其他部门整顿官场秩序，打击作乱势力，迅速扭转局面。皇帝听了大喜，擢王本为徽猷阁待制、真定府路安抚使，兼知成德军府事，改知东平府兼京东西路安抚使。时值扬州出现饥荒，皇帝下诏，命王本知扬州。到扬州后，王本审理案件，将案情不清、惩罚不当的囚徒近百人释放，名声大噪。加之天下大雨，缓解了灾情，群众生活得到改善，流亡在外的人纷纷返乡，老百姓交口称赞，有的地方立生祠纪念他。两年后，王本被提举为南京鸿庆宫，在任仅一年，以年纪大请辞，获准，得以回老家安度晚年。王本在会见族中子弟时，无疾而终。

黄大临

黄大临，黄庶之子，喜欢读书，操守严明，诗文俱佳。黄大临初入仕途时为袁州萍乡县令，该县民风剽悍，喜欢诉讼。黄大临深入考察后，认为这种风气是官宦对民间百姓关心过少引起的。他说："皇上让我们主宰一方，目的是要我们让一方百姓幸福安乐，不是让我们与民众变成仇敌。以前，汉宣帝为了打击北海的盗匪，取用龚遂为太守。宣帝召见龚遂，龚遂问，北海的盗匪，皇上是想一举消灭还是安抚？宣帝回答，在一个地方安置官吏，就是为了让官吏去安抚百姓，使其安居乐业。由此可见，作为一个地方官，政策太苛刻则玉石俱焚，太宽松则公私皆不能得到满意的结果。我要不猛不宽，就按照这个原则履行职责。"于是，他在自己的居所前题名"惟是"。大观中，黄大临官至儒林郎，任龙泉县知县。

黄　注

　　黄注,字梦升,茂宗弟。黄氏自从祖父以来,乐善好施,以家财赈济乡民,以诗书广揽四方饱学之士。黄注兄弟皆好学,以文章著称于世,尤其与欧阳文忠先生过从甚密。其时,黄注十八岁,在茂宗与欧阳文忠先生交谈时,黄注以童子身份随侍左右。他善言谈,善饮酒,令欧阳文忠先生称奇。黄注后中进士,初任兴国军永兴主簿,因为生病辞任,过了许久,调任江陵府公安主簿。值修谪夷陵令,黄注在江陵与欧阳文忠先生相遇。两年后,徙乾德令,黄注调任南阳主簿,又与欧阳文忠先生相遇于邓地。欧阳文忠先生关切地询问黄注的学问情况,黄注感慨说:"我都不敢说起文章学问的事,人生在世,富贵在天,不是世人不熟悉我,而是我不敢与世人说。"黄注性格刚烈,不随波逐流,附和别人,以自己的学问文章自负,不为世人认同,遂产生不得志的感慨。他最后逝于南阳,欧阳文忠先生为他撰写墓志铭,给以中肯的评价。他一生的著作主要有《破碎集》《公安集》《南阳集》等,计三十卷。

黄 庶

　　黄庶,字亚夫,双井人,二十五岁时以高水平的诗词歌赋考取进士,曾在一府三州担任一般官员。对这种状况,他感慨说:"少年时学习,遍览群书,看到忠贤义士的壮举和救国救民的成就,恨不得出生在那个朝代,与他们一样建功立业,认为努力了就会有收获。其实,后人看我们,就和我们看前人一样。"他仕途不得志,于是专心钻研诗文,曾经写过一首怪石诗:"山阿有人着薜荔,廷下傅虎眠莓苔。手磨心语知许事,曾见汉唐池馆来。"又题《宿赵屯》诗:"芦花一股水,弭楫日已暮。山间闻鸡犬,无人见烟树。行逐羊豕迹,始识入市路。菱芡与鱼蟹,居人足来去。渔家无乡县,满船载稚乳。鞭笞公私急,醉眠听秋雨。"还为大孤山写过一首诗:"彭蠡百里南国襟,万顷仓烟插孤岑。不知天星何时落,春秋不书不可寻。石怪木老鬼所附,兹乃与水同浮沉。鸣鸱大藤树下庙,祭血不乾年世深。轴舻千里不敢越,割牲醑酒来献斟。我行不忍随人后,许国肝胆神所歆。落帆夜宿白鸟岸,睥睨百绕寒藤阴。银山大浪独夫险,比干一片崔嵬心。宦游远去父母国,心病若有山水淫。江南画工今谁在?拂试东绢倾千金。"他写的诗风格多与此相同,在康州一带名声颇大。黄庶去世后,被朝廷追封为中大夫,有《伐檀集》两卷流传于世。

黄叔达

　　黄叔达,号知命,黄庭坚弟弟。黄叔达行事乖张,与自己性格相合的,必挽留之、推举之;与自己性格相左者,哪怕是官宦富豪,也一样冷眼相待。他与彭城的刘师道是好友,有一次,两人从双井村去京师,到达县城时一起去拜谒法云禅师。夜归,二人遇李伯时,相谈甚欢。李伯时着白衫,骑着驴,大声唱着歌。刘师道拄着竹杖,提着包裹,跟在后面。县城的人见了,以为是神仙下凡,议论纷纷。李伯时善画,回忆起与黄叔达、刘师道相处的欢乐时光,忍不住画了下来。邢惇夫看了,题《夜归图诗》以记其事。黄叔达善于小诗、乐府创作,风格清丽可爱,有诗四十首,收录于《山谷集》中。他的兄长黄庭坚这样点评弟弟:对世故人情有深入了解,对人物点评入木三分。

王纯中

　　王纯中,字文叔,分宁人(今江西修水),宋仁宗天圣四年(1026)出生,病逝于宋哲宗元祐元年(1086),葬于马坳。

　　宋仁宗皇祐五年(1053),王纯中登进士第,被朝廷授予杭州司户参军(掌户籍、赋税、仓库交纳等事的官职),后调鼎州(今湖南常德)桃源县令。王纯中政绩突出,待升迁,却因服丧在家待了七年之久,后在亲友的劝说下复出,任唐州(今河南沁阳)录事参军(掌各曹文书、纠察府事的官职);后调京师,改任著作佐郎;不久,又调澧州(今湖南澧县)石门县令;因有民望,再调虔州(今江西赣州)瑞金知县,惩奸除恶。王纯中又改任京师秘书丞,再改任奉郎,又改为泗州(今安徽泗县)通判(知州副职,由皇帝直接委派,身兼行政与监察的中央官职),因救洪灾有功,升迁为承议郎,再擢升为朝奉郎并知洺州(今河北广平县)。王纯中病逝于任所,移柩返乡时,洺州全城百姓相送,哭声震天。

　　王纯中做官以民生为重,黄庭坚在撰写的王纯中墓志铭中点评道:"君调用财力,不疾不徐,劳民劝功,公私以济。"

　　他任石门知县时,遇到的一个难题是石门老百姓要缴铁赋给船官。船官职事取消后,铁赋依然保留下来。因为石门铁矿资源枯竭,老百姓迫不得已到外地买铁来缴纳铁赋,增加了许多成本。王纯中考虑到自己没有能力取消铁赋,但是知道自己可以为百姓做点实实在在的事,于是向澧州府官建议,允许老百姓以等价的银钱物品缴纳铁赋。他的建议被采纳,解了困扰老百姓多年的一个难题。

　　他做官身体力行,切实维护老百姓利益。他任瑞金知县时,因几任县令获罪离去,当地社会秩序混乱,黑恶势力横行。王纯中整吏治、惩强横,迅速扭转了局面,为发展生产打下良好基础。他任泗州通判时,遇淮河水患,他徒步洪水中,指挥救灾,极大地鼓舞了士气。在官民协力下,泗州城避免了被洪水淹没的灾难。他在洺州任职时,又遇洪灾,老百姓被迫躲到较高的山丘上,急待救援。

他一方面组织百姓自救,一方面精打细算,依靠官仓有限的物资,帮助百姓度过了洪灾。

逸事

之一。王纯中病逝后,其外兄余彦明请求黄庭坚撰写墓志铭。当时,黄庭坚在秘书省任《神宗实录》检讨官。作为王纯中的同乡、晚辈,黄庭坚感佩王纯中为人、为事、为官,于是怀着深厚感情书写了铭文。1983年,修水县文物工作人员在马坳发现了这块墓志铭,石碑呈正方形,长宽各为八十厘米,正面是铭文,共七百六十八字,行书阴刻,背面刻"宋朝奉郎王君墓志铭",篆体阴刻。因文体俱佳,此石碑被文物部门认定为国家级文物,现珍藏于修水县博物馆。

之二。王纯中一生热爱学习,他四岁时,其母即出资为书院捐建馆舍,经常携王纯中到书院察看事务,让王纯中受到书香熏陶。走上仕途后,他在繁忙的事务之外,从没有忘记过读书。他不但阅读,还勤奋书写,诗歌、文章观点鲜明。黄庭坚在撰写墓志铭时感叹:"读其书,可知其人有常度也。"

黄叔敖

　　黄叔敖,字嗣深,宋神宗熙宁二年(1069)十月十七日出生,洪州府分宁县(今江西修水)人。黄叔敖少聪慧,于宋哲宗元祐六年(1091)考中进士,授光山县令,后升迁详定敕令所(宋朝立法机关)删定官,又改任颍昌府判官,再升广东转运判官,兼提举市舶,掌管粮食、钱币、货物、盐铁等水陆运输,因为民请命减轻赋税,遭奸人陷害,被免职。之后黄叔敖复出,任荆湖北路转运判官、廉访使,后任襄阳府知州,因抗金有功,升秘阁修撰,又改知营州,再改知涿州。

　　北宋灭,南宋建。黄叔敖在宋高宗绍兴初年,知荆南府,不久,又擢升为给事中,之后兼侍读,又升户部侍郎,再迁户部尚书,后因谏言勤俭,触怒高宗,被贬为徽猷阁学士,不久,再降充侍制。高宗绍兴五年(1135),黄叔敖调任平江知府,以年老请辞,朝廷敕通大夫衔返乡。绍兴十年(1140)四月初四,黄叔敖去世,葬杭口镇双井村,坟墓距黄庭坚墓约一百米。黄叔敖去世后,朝廷恢复了他的徽猷阁学士衔,并加赠宣奉大夫。

　　黄叔敖为官心系百姓,他任广东转运判官兼提举市舶时,深入民间了解情况,掌握到广东生产力发展与中原大地比较尚欠发达、民生凋敝的事实,于是上奏朝廷,"岭表地偏东无霜雪,瘴疠所钟,其所产不足以奉玉食",再三请求朝廷免去广东应该上缴的赋税,惹得皇帝大为恼怒。朝官蔡嶷察言观色,屡进谗言,结果黄叔敖被免去官职。

　　黄叔敖秉性正直,敢于谏言。北宋新旧党争时,人人自危,纷纷站队,抢占山头,互相攻讦,败坏朝纲。其时,黄叔敖任给事中,他不怕被孤立、打击,上书宋高宗,提出"朋党未革不可以为治"的主张,深得高宗赞许。面对高宗皇帝偏安江南骄奢淫逸、不思光复中原大地的行径,作为户部尚书的黄叔敖冒着得罪皇帝的风险,观点鲜明地强调"冗食莫甚于养兵,裕民莫甚于节用",反对讲究排场,铺张浪费。作为封建官吏,有这样的见识难能可贵。

　　黄叔敖才华出众,在仕途之余勤于笔耕,著有《文集》十卷,《春秋讲义》三卷,《奏议》十卷,为后人研学留下了宝贵的财富。

黄　廉

　　黄廉,字夷仲,考中进士及第,历任州县官职。熙宁初年,有人将他举荐给王安石。王安石同他对话,问及免役法的事情,黄廉根据旧的法律来回答,答得很详尽。王安石说:"这个人肯定能办理新法的事情。"于是向神宗皇帝报告。皇帝下诏询问关于新法的时事要务,黄廉回答:"陛下的本意是要方便百姓,新法不是不好,只是任用的官吏不得其人。朝廷立法的本意统一,但是各地推行时各不相同,所以法令得以实行,却让百姓疲惫(深受其害),陛下无法完全察觉到。所以河北地区发生水灾,河南、山东、山西发生旱灾,而淮南、浙江发生蝗灾,江南地区发生瘟疫,陛下也无法一一知道。"于是皇帝任命黄廉为司农丞,去赈济东道地区。黄廉回来后向皇帝报告情况,很合皇帝的心意,皇帝于是提拔他为利州路的转运判官,兼任司农丞。

　　黄廉担任监察御史时,评论俞充勾结宦官王中正而担任宰相的属员一事,并且说王中正担任正使一类的官职权柄太重。皇帝说:"人才是不分种类的,就看上位者使用人才的能力如何。"黄廉答道:"虽然道理如此,臣忧虑的是这样助长了不好的风气。"

　　黄河在曹村这个地方决口了,黄廉接受诏命安抚京东地区的灾情。他打开粮仓赈济灾民,对于因距离粮仓太远,无法到来的灾民,还分别派遣官吏给他们送去粮食。黄廉又选择地势较高的地方给灾民居住,下令灾民经过关卡不征税;外地转运商人可以征收粮食冲抵赋税,或出钱购买耕牛,收养被遗弃在道路上的孩子;年轻力壮的灾民则以工代赈,如此共有二十五万灾民存活下来。

　　相州的冤案发生时,邓温伯、上官均都上书陈述冤情,以致因此贬官,皇帝让黄廉审理这个案件,黄廉却最终没能纠正这个冤案。没过多久,案件判决,黄廉才发现冤情,开始后悔。后来黄廉加官集贤校理,并负责提点河东地区的司法刑狱。

　　辽国人要求得到雁门关附近的代北地区,黄廉说道:"按分水岭划分边界,让中国失去了险要的地形,反而让契丹人起了狼子野心。"后来契丹人果然吞并了两国边界的缓冲地带,一直到了雁门关下,地方百姓对此深以为憾。王中正征发西军,往往征调两倍的人数,负责后勤的转运使又在这个人数上征调更多的人,黄廉说道:"对百姓的盘剥也太过分了!难道就不怕伤到自己的根本吗?"他随即上奏:"军队一定不会有战功,要用什么方法来妥善处理后事呢?"不久,大军溃败回来,王中正将失败的罪名转嫁给负责后勤转运粮饷的人。黄廉被派到上党负责共同审理此事,最终因此获罪贬官。

元祐元年(1086),皇帝将他召回担任户部郎中,第二年,又升任尚书省左司郎中,又调任起居郎、集贤殿修撰、枢密都承旨。上官均参他过往附会蔡确制造冤狱的罪行,黄廉被贬官陕西都转运使,并担任给事中。黄廉在任上过世,终年五十九岁。

黄 介

　　黄介,字刚中,出生年月不详。与双井黄氏诗书传家传统有别,黄介喜欢研读兵书,对兵法有独到的见解。时值制置使朱祀孙守卫四川,处于抗击元兵最前线。黄介献上保境安民的建议,朱祀孙大为赞赏,聘他为参谋,随时听取意见,两人相处非常融洽。后经多人举荐,黄介被朝廷任命为广济簿尉,专司社会治安之职。他公正执法,明断冤案,要为几名死囚平反,因此触怒广济一大批官吏,坚决不准其平反,事情最后闹到广济府。在广济府,黄介有理有据,据理力争,使府尹折服,支持了黄介。这事让黄介名声大噪。

　　因为元兵进犯,大半个中国沦落敌手,黄介辞去幕僚之职,返回家乡,组织数千乡民集结在渣津镇龙安寨,建堡垒,立寨门,天天操练武艺,做好抗击元兵进攻的准备。

　　德祐元年(1275),元兵进攻龙安寨,经过苦战,多数乡民或战死或逃逸,唯独黄介率不多的勇士坚守山寨。战斗中,黄介面部被六枚箭矢射中,他仍一边还击,一边怒骂敌人。看着身边的战士一个个倒下,黄介对家童陈力说:"你要勇敢杀敌,不要逃跑。"陈力大义凛然地回答道:"您在,我一定与你同生共死!"没多久,黄介全身中箭,仅面部颈部就中了十三箭,最后倚在寨墙的栅栏边壮烈牺牲,陈力也与他一同战死。

　　龙安寨被破,黄介的妻子刘氏被元兵掳掠北去,幸亏他年幼的孩子用中想办法逃脱了。用中成年后,一心想着母亲,用了十年时间,才在元大都找到流落民间的母亲,携母亲返回故里。用中寻找母亲的故事感动了许多人,大家都称黄用中为孝子。

徐　俯

徐俯（1075—1141），南宋初年官员，江西派著名诗人之一。徐俯字师川，自号东湖居士，生于宋神宗熙宁八年（1075），原籍洪州分宁（江西修水县）人，后迁居德兴天门村。徐俯是给事中徐禧之子、诗人黄庭坚的外甥，因父死于国事，元丰八年（1085）被授通直郎，宋徽宗即位后迁承议郎并赐朱银服饰，后因党争被降为卫尉寺主簿。徐俯后任武胜军节度判官、朝奉郎、监临安府粮料院，不久，提点南康军延真观、通判相州，再改知吉州、庐州，累迁朝请大夫、奉直大夫，赐金紫，召为司门员外郎，再升郎中。靖康事变后，徐俯一度落职，后经翰林院学士汪藻等推荐，徐俯复出，任右谏议大夫、中书舍人。绍兴二年（1132），赐进士出身兼侍读三年，升翰林院学士，又擢端明殿学士，签书枢密院事；两年后，官至参知政事（副宰相，宋时最高政务长官）。后因与宰相赵鼎政见不和，徐俯出任提举洞霄宫。绍兴九年（1139），徐俯知信州（今江西上饶）。绍兴十年（1140），徐俯退出政坛，居饶州德兴县银山乡，翌年病逝。

徐俯秉性清纯，不依附权贵，坚守民族大义。宋时党派斗争激烈，徐俯独善其身，不站山头。韩忠彦和曾布主政时大肆起用旧属，排挤新派人物，徐俯无辜被贬职。朝廷大臣蔡京趁机拉拢，想把徐俯拉到自己的帮派。徐俯早就知道蔡京人品卑劣，坚决拒绝，为了表明心迹，还作《猛虎行》一诗讥讽。又据《宋史》记载，宋高宗有一次召集朝臣问话。高宗说："元祐党人固皆贤，然其中亦有不贤者乎？"大多数朝官都顺着高宗的心意应对："岂能皆贤！"只有徐俯凭着对事实的了解作了辩证的回答："若真元祐党人，岂不贤！但蔡京辈，凡己之所恶，欲终身废之者，必名之元祐之党，是以其中不免有小人。"

宋钦宗靖康二年（1127），金兵攻陷北宋都城汴京（今河南开封），扶持张邦昌建立傀儡政权。张邦昌为了营造自己登上帝位是奉天承运、百官拥戴的假象，威逼利诱宋朝旧臣，多数官员为了自己的荣华富贵迎附张邦昌。徐俯不屑与奸佞为伍，愤而辞官回家。后听说原工部侍郎何昌言和他的弟弟何昌辰为了

徐　俯

不冒犯张邦昌，赶快改了名字。徐俯从心底厌恶这些趋炎附势的小人，为了表明自己的态度，他买来婢女，取名"昌奴"，每逢有客人到，必高声呼叫、驱使。他这种态度，深受大家崇敬，以致清代诗人谢启昆在《读全宋诗仿之遗山论诗绝句》中称赞："风节渭阳真不愧，闺中有婢唤昌奴。"

徐俯是宋代江西派著名诗人之一，著有《东湖居士集》。其早期诗风受黄庭坚影响，崇尚疲硬，强调活法，要求"字字有来处"，提倡"夺胎换骨，点铁成金"。晚年的徐俯在诗歌创作中力求创新，诗风趋向平实自然，清新淡雅，别具一格。歌咏德兴故园的《春游湖》是徐俯晚期诗歌的代表作之一。这首七言绝句以明快的风格、富有动感的语言描绘出一幅雨后山乡春景图。诗云："双飞燕子几时回？夹岸桃花蘸水开。春雨断桥人不渡，小舟撑出柳阴来。"《全宋诗》《宋诗三百首》等诗集都不约而同将此诗收入其中。他的名句"一百五日寒食雨，二十四番花信风"得到陆游、钱厚甚至南宋敌国金国诗人的赞赏，被人多次模仿。

徐俯与江西诗派关系密切，他的诗论——"目力所及，皆诗也。君但以意剪裁之，驰骋约束，触类而长，皆当如人意，切不可闭门合目，作镂空妄实之想"与黄庭坚的诗歌创作理念吻合。他喜欢用典，爱化用前人所写的诗句，这也是黄庭坚运用的纯熟的技法。他还与江西诗派诗人韩驹、洪炎、吕本中过从甚密。但他本人不想把自己归于江西诗派，他在一封信中明确写道，"涪翁（黄庭坚号）之妙天下，君其问诸水滨；斯道之大域中，我独知之濠上"，似乎有意脱离江西诗派。究其原因，一是为了避嫌，其时蔡京掌权，把苏轼、黄庭坚等反对过王安石新法的列为"元祐党"进行严厉打击，徐俯与黄庭坚脱离江西诗派以自保；二是为了自立，徐俯觉得自己的创作与江西诗派有较大差距，不宜归于一体。不论哪种想法，都无损徐俯作为一个大诗人的身份，他创作了《东湖居士诗集》三大卷，上卷为古体，中卷为五言近体，三卷为七言近体，但失传。其诗作偶见于别人所著文集中。

周季麟

周季麟,字公瑞,号南山,明英宗正统十年(1445)出生,修水县西港镇湾头人,病逝于正德十三年(1518)。

明宪宗成化八年(1472),周季麟考取进士,授兵部主事,因功升员外郎。明孝宗弘治二年(1489),周季麟调任浙江布政使左参政,安抚百姓,平定寇乱,升河南布政使。为稳定甘肃政务,周季麟任右都御使,巡抚甘肃,政绩突出,经朝臣举荐,调蓟州草场御马监。弘治十八年(1505),周季麟因病告老返乡,于明武宗正德十三年(1518)去世,享年七十四岁,朝廷追赠右都御使官衔,谥号禧敏。

周季麟文武兼备,有政绩。他任右都御使兼甘肃巡抚时,以保境安民为己任,有一次,亲率官兵追击来犯之敌,斩六十四人,夺回被抢人口一千二百余,牲畜两万余。在处理甘肃邻邦哈密事态时,更见周季麟的雄才大略。自明英宗天顺年间始,哈密就被吐鲁番侵占,怎样帮助自己的属地?明朝廷有的主战,有的主和,争论不休,拿不定主意。看到宗主不能帮自己一把,哈密人自己拥护陕巴主政。吐鲁番首领阿黑麻闻讯大怒,把陕巴抓走,并且把明朝派到哈密的使者流放到荒漠,表示再也不向明朝进贡。周季麟临危不乱,一面加强军备,准备强攻;一面派官员深入阿黑麻的驻地,宣扬明朝德政,劝其臣服。阿黑麻在重压之下,将陕巴和掠去的朝廷敕印交还给周季麟,并表态永不叛变,使哈密得以保全,甘肃免除战火威胁。

但作为边境的甘肃一直处在外敌侵扰中,才消除哈密隐患,北庭小王子又拥军数万,在波罗与贺兰之间窜扰,一刻不停地窥视中原大好河山。周季麟毫不畏惧,做好应战准备。他上奏朝廷,罢免了怯战总兵、恭顺侯吴鉴,以武安侯郑英为总兵,积极备战,打消了小王子伺机南下的念头。战备稍松,周季麟以民力为念,改每年征召五千民夫参与边境据守的做法,仅留下一千人,春秋轮值,其余民众回家务农,休养生息;巩固了后方。

周季麟以民生为念,维护民生利益。他任浙江布政使期间,组织民众修复三十余里嘉兴旧堤,修复湖州长兴堤岸七十余里,消除水患,促进农业生产。他任蓟州草场御马监时,遇到的一个难题,即当地百姓诉御马监占用田地的纠纷,这个纠纷早就上报到朝廷,孝宗皇帝也派了给事中实地调处,无果。周季麟慎重处置,派官员搜寻之前的地图旧籍,终于找到了永乐年间的田亩旧籍,澄清了地界,并以此为依据,打击豪强霸占百姓田地的行为,保护了农民的正当权益。

  周季麟清廉自守,清白为官。他专门为一枚自己使用了四十年的簪子写过一篇《寿簪说》,文章中写道"吾江右之俗简朴,故士大夫皆不华饰,而吾分宁僻在万山中尤甚",解释了自己简朴习性养成的原因。当然,这只是一个方面,但毫无疑问,这是他廉洁的具体表现。他任河南布政使时惩治贪官污吏,精心征集应收赋税白银四十七万两,自己不敢私用分毫,周季麟风骨的高雅由此可见一斑。

周季凤

周季凤,字公仪,号来轩,明宪宗成化二年(1465)年出生于今西港镇湾头村,明朝右都御使周季麟的弟弟。周季凤弘治二年(1489)年中省试,弘治六年(1493)进士及第,授御使院御使大夫,弘治七年(1494)改任刑部主事,因恪尽职守升员外郎,再升刑部山西司郎中,又升四川按察司副使。因刘瑾专权,周季凤仕途受挫,改任云南提学副使,因政绩突出,升湖广按察使,后补福建按察使,升湖广左右布政使。正德十六年(1521),明世宗继位,周季凤护驾有功,得赏赐。嘉靖元年(1522),周季凤任保定巡抚,造林有功。此后,周季凤升南京都察院右副都御使,协掌院事,再升南京刑部右侍郎,因受到攻击被免职,后冤屈得雪,迁右都御使、总理粮储。嘉靖七年(1528),周季凤任应天府巡抚,赴任途中因病去世,享年六十三岁。朝廷念其功绩,赠尚书衔,谥号康惠。

周季凤任官以民为念,重视教育。他任四川布政副使时,值镇守太监张辰横行乡里,欺压百姓。周季凤大义凛然予以制止,维护了百姓权益。他任湖广左右布政使时,洪灾造成多个州县的百姓流离失所,饥民遍地。周季凤一方面上奏朝廷,争取赈济;一方面大开府库,用粮食救济灾民,这一度成为他以后被罢职的原因。作为一名封建官吏,周季凤高度重视教育。在四川时,他修建诸葛亮及其他知名官宦的庙宇;在云南时,他狠抓教学,提出办学要讲求文雅、诚笃的学风,反对轻浮、浪漫的习气,推动了云南教育事业的发展。他还主持修编四十四卷《云南志》,为云南存史资政做出贡献。在湖广时,周季凤巧妙把握当地人尊崇孝道的心理,在蛇山五坡"灵竹院"(该院为纪念二十四孝之一"哭竹生笋"孟宗所建)不远处建岳飞庙,祭祀著名爱国将领岳飞。这是对忠孝之士的敬仰,对忠孝文化的传承,生动地反映了周季凤的精神世界。

周季凤不但官声显著,而且文才超群。他创作的《来轩漫稿》《修水备考》《修江先贤录》《周氏世德录》等文章,有极高的文学和史学价值。他撰写了多篇赞美、怀念家乡的诗篇,如《修水》"卜宅临江上,幽情逐日生。浮鸥时片片,小艇日轻轻。牛马烟波阔,鱼龙春树平。濯缨深闭户,云锁暮天横"描绘了家乡的瑰丽景象。他对家乡先贤由衷赞美,如《钓台》诗中写道"明月湾头路,清风井上丝。乾坤才此老,风节是吾师",表达了对黄庭坚的敬仰之情。他的五言律句《宁对》,为后人传诵铭记。

  周季凤是一个重视生态建设的官员。他任保定巡抚时,遇到的一个大问题是太行山北段森林被砍伐,水土流失严重,民众不得安居,前线防御失去隐蔽能力。早在成化七年(1471),监察御史左钰就在奏折中说太行山"根株悉拔,岁久山空"。事实上,太行山北段森林被砍伐的罪魁祸首是官府、驻军。为了维持生活所需燃料,他们只能向山上树木伸出刀斧。这个问题引起其他有识之士的注意,辽东巡抚马文升就建议,"令湖广有司金夫,于沿江山林采办,令递运马船及商舟带至扬州,转发官民诸船顺带至京",以减少砍伐量,但他的建议没有被采纳。周季凤认真考察后,上奏朝廷,计划"缘边隙地,令所司筑墙、种树,列卒驻守",三项措施实实在在,被获准执行。经过周季凤的推动,太行山北段森林恢复较快,军事防御能力得以提高。

周期雍

周期雍，字汝和，别号泉波，周季麟族侄孙，成化十五年（1479）生于南昌府宁州（今修水）西港镇湾头村。明武宗正德三年（1508），周期雍考中进士，授南京御史，其秉性耿直，仗义执言。在大宦官刘瑾倒台后，周期雍扶正祛邪，深得民望，后因直谏明武宗不该远游，触怒皇帝，被贬南京河南道，尚未赴任，即改福建佥事。任内，周期雍凭着对时事的把握及对官场人物的认知，准确预见朱宸濠叛乱，为平叛立下功勋。正德十五年（1520），周期雍调河南佥事，不久，升任浙江参议；嘉靖初，再升参政、湖广按察使。嘉靖九年（1530），周期雍擢升都察院右佥都御使，兼顺天巡抚，因政绩再升大理卿。此后，历任刑部左、右侍郎，右都御使，掌大理寺印，巡视九门，最后官至刑部尚书。因权奸郭勋陷害，周期雍被免职，于1540年回到故乡，十年后病逝，葬修水县溪口镇大石口村一处山坡上。

周期雍执法不畏权贵，刚正不阿。正德年间，大宦官刘瑾把持朝政，结党营私，严厉打击不奉迎的官员，总计五十六人之多。周期雍虚与委蛇，不屑与奸臣为伍。待刘瑾被杀，多数被打击的官员重新被起用，但也有给事中李光瀚、任惠等人，御使贡安甫、史良佐等人还没被任用。周期雍主持正义，联络其他官员上奏，使他们的冤屈得申，重返仕途。反之，对那些"两面派"，尤其是依附刘瑾得势的人，周期雍据实直奏，把他们拉下马。比如兵部尚书王敞，依靠刘瑾窃得显要官职，周期雍凭着真实的证据，促使皇帝罢免了王敞。他奉敕调查两广军务，平息苗汉争端，深入实际，多方了解情况，获知了真相。原来，都御使陈金总督两广军务，值居住在段藤峡内的苗人不时出峡骚扰汉人，抢掠财务。陈金为了平息事端，与苗人首领歃血为盟，表达苗汉一家亲的意思。但苗人并没有遵守盟誓，依然烧杀抢掠汉人，而镇守当地的武宁侯郭勋无所事事，放任这种局面形成。周期雍回朝，如实上奏，秉明真相，陈金和郭勋都受到惩处。这种结果吓坏了一大批朝臣——陈金受惩罚还好说，而郭勋是开国公郭英的后代，权势炙人。

加上他为人奸刁，善于蒙蔽皇帝，别人躲他都躲不及，周期雍却把他告了，不得不叫人担心。

周期雍为人机敏，能够清醒洞察世事，发挥自己的军事才能。他任福建佥事时，全力加强军事戒备。一方面，这是福建治安的需要，当时，漳州盗寇横行，因依山濒海、路僻人稀，官府打击不力，有啸聚态势，危害社会治安，对封建统治造成极大隐患。作为一名地方官，周期雍责无旁贷。另一方面，周期雍洞察到宁王朱宸濠篡权的野心。其时，朱宸濠勾结刘瑾，培植、发展自己的武装势力，还企图把自己的儿子入嗣给明武宗，以图继承皇位。周期雍在军士的护卫下，秘密拜访驻守赣南的都御使王守仁。两人交换了看法，达成整军备战的意见，并分别落实好。正德十四年（1519），朱宸濠果然兴兵，废除正德年号，杀死巡抚孙燧，率兵顺长江而下，攻打安庆，意图取南京，占中原。王守仁立刻起兵勤王，周期雍在福建响应，亲率精兵协助王守仁，为稳定全国局势发挥巨大作用。在多方力量的支持下，朱宸濠叛乱失败。周期雍任顺天巡抚时，站在对外敌斗争的最前沿，非雄才大略者不能任。其时，蓟州、密云等地已建关堡数十座，俨然铁壁铜墙。周期雍通过实地考察，发现了不足，于是拍板修筑马兰谷等处并增加四路长城计四万七千余丈；修复桑垒谷等关隘，又移界领口等营三十六处，再加上抚恤兵士、管束将领，极大地震慑了敌人，使敌人数年不敢来犯。

周期雍维护百姓利益，有朴素的民本思想。他任顺天巡抚时，有人状告都尉依仗自己是皇亲国戚，强占百姓煤窑。周期雍接了诉状，安排衙役查清真相，做出了公正的判决，把被占煤窑返还给原主人。同时，周期雍了解到李凤、王泉等二十余名地方官因受这个案件牵连，受到打击；周期雍旗帜鲜明地给这些官员正名，表明自己疾恶如仇的立场。他被罢官返回家乡后，友善乡邻，急公好义，为当地百姓做了一些实实在在的好事，为家乡人称道。

周　训

　　周训,字彦学,僖敏公第四个儿子,应天府乡试举人,被授湖广蕲州知州,历任广西平乐府同知、南京宗人府经历。周训以为人慷慨大方、崇尚气节闻名于官场。僖敏公生病时,周训衣不解带,尽心在床前护侍。僖敏公病逝,周训以隆重的礼仪执丧。朱宸濠起兵反叛,都御使孙燧被害。周训为其忠于朝廷而感动,设灵位祭奠,极大地影响了其他官员,大家纷纷祭祀孙燧。他担任蕲州知州时,恰逢大旱,民不聊生,老百姓怨言四起,指责朝廷,咒骂官吏,州县官吏情急之下想加以处罚。周训对此加以制止,并加强了救济灾民的工作,很快安抚了民心。少数蕲州府的军士衙役为人残暴,欺压百姓,周训毫不犹豫地将他们绳之以法。恰巧被处罚的军校的妻子因难产而死,在有心人的操纵下,该军校向上诬告周训处事糊涂、逼死人命,还涉及蕲州其他官吏,使得蕲州官场人人自危。有的人劝周训说:"你就认个错,给以他丰厚的赔偿,他或许就不告了。"周训慷慨拒绝,说:"要我受点委屈是小事,但放纵诬陷是大事。我宁可被诬陷坐牢,也绝不向诬陷者低头。如果这次让诬陷者得逞了,我虽然平安离开了,但是后来的同僚怎样看待我呢?"在周训的据理力争下,事情最终平息。之后,他在平乐任官,为人处事更加慎重,多位巡察使了解他的工作后,称赞他"器宇深沉,政事练达"。周训最后升任宗人府经历,他因病未赴任。去逝前两天,他告诉家人自己离开的时间。时间到,周训正襟危坐,神色没有丝毫改变,离开的时间果然不差分毫。

万承风

万承风,字卜东,号和圃,清乾隆十七年(1752)出生于宁州安乡汤桥(今修水县黄沙镇汤桥村),嘉庆十八年(1813)秋病逝,享年六十一岁,葬于家乡长茅芦花窝。

万承风十八岁中乡试,二十五岁中举,三十岁中进士,被选为庶吉士,再授检讨,入值尚书房,再迁翰林院侍读,担任时年仅六岁的、后来的宣宗皇帝旻宁的启蒙老师,时间长达二十余年。还有十余年的时间,万承风被朝廷委派到地方担任学政。乾隆五十九年(1795),万承风首次担任云南副考官;嘉庆三年(1798)调任江南副考官,第二年督广东学政;任满回京,万承风再入值尚书房,擢詹事;嘉庆九年(1804),督山东学政,兼礼部右侍郎;嘉庆十二年(1807),督江苏学政;嘉庆十四年(1809),万承风请求解任回京,被皇帝严厉斥责,改迁内阁学士,调安徽学政,任兵部侍郎,入充经筵讲官,后改为工部侍郎兼管钱法堂事。

万承风处事慎重,正气凛然,节操高尚。乾隆晚年,大权在握的和珅想把他拉入旗下,但万承风决不为之动心。督学广东时,他极力除奸弊、正士习,仁宗帝密谕他查访大臣居官行事,凡有所察都据实上奏。琼州海盗啸聚侵扰沿海村寨时,万承风意气风发,命总督吉庆排兵布阵迎敌,取得胜利。其时,总兵西密扬阿临阵畏惧,不敢奋勇杀敌。万承风据实上奏,西密扬阿被查办。万承风任安徽学政时,发现定远的学子与凤阳官吏有旧嫌,每临考试都要发生矛盾,而凤阳官吏多偏袒小吏,考生气愤不平。万承风明查实报,使县吏受到惩处。万承风任江苏学政时,时值清江浦、荷花塘改建,官吏一味地追求水道畅通,完全改变了原来的路线,结果屡修屡塌。万承风实地察看,找到了原因,上奏朝廷请求恢复原来的路线,解决存在的问题。

万承风身在京城和外省为官,却关注家乡,热衷公益事业。当时,宁州在京城没有建会馆,这给千里迢迢赴京城参加考试的学子造成了极大的不便。万承风当年赴京城考试时就体会到了这种身在异地无栖息之地的艰辛,因此,他在京城创建了宁州会馆。嘉庆九年（1804），他督山东学政期间，家乡有人致信提议重修文峰塔，万承风积极响应，不仅作为主要倡导人，还予以资助。

万承风为官历经高宗、仁宗两朝，均得两朝皇帝信任。他自乾隆四十六年（1081）中进士，到高宗帝即将退位，一直担任高宗帝孙子的老师，这不能不说是高宗帝对他的器重。他充江南副考官时，即将登上皇位的颙琰在自己的寝宫为他赐诗送行。颙琰成为仁宗皇帝后，看了他的奏折，了解到他当年不攀附和珅之事，对他大加赞叹："实心勉力，报多年知遇之恩；益励廉隅，为一代群臣之首，可见风骨峥嵘，不附权贵者，权贵亦莫可如何也。"在他因病回乡期间，仁宗帝还派官员登门询问。宣宗帝即位后，更是对万承风追恩莫及。他追念往日万承风的教诲，赠给万承风礼部尚书衔，谥文恪，敕赐祭文、碑文，并派瑞州府知府韩桐协同义宁州（宁州于嘉庆六年改为义宁州）知府曾晖春到墓前致祭。道光十二年（1832），宣宗帝再赠万承风太傅衔。以前，在离万承风墓一百来米的地方立有如官员装扮的石像，文官经此下轿，武官过此下马，可见万承风所受皇恩之隆。万承风所受皇恩延及子孙。

作为一代帝师，万承风学识渊博，而这些学识主要来源于书本，因此，他平生藏书丰富，收藏有近六千册书，其书斋名为"古瓦山房"。万承风著有《赓飏集》《思不辱斋文集》等。万承风推崇黄庭坚，曾经为《山谷刀笔》作后序，又于嘉庆十三年（1808）五月主持刻成了《黄律卮言》，并为《黄律卮言》作后序，称赞"文节公以诗鸣，北宋为江西诗派之祖""双井贤嗣"，此外，他还作有《次韵山谷清水岩》诗等。

陈宝箴

陈宝箴,字右铭,谱名观善,曾自建书屋"四觉草堂",晚年号四觉老人。清宣宗道光十年(1830)生于义宁州安乡(今修水县义宁镇)竹塅村。

陈宝箴是客家人,继承了客家人坚毅勤恳的品格,七岁即寄居外村读私塾,十九岁入州学,二十一岁考中举人,随后,协助父亲办团练,与石达开率领的太平军作战有功,授候补知县。1860年,陈宝箴在北京参加会试落第,游学期间,逢八国联军火烧圆明园。他拍案痛哭,决心不再沉迷仕途,而以求得救国之路为己任,回家建四觉草堂刻苦读书。1862年,陈宝箴拜谒两江总督曾国藩,得到重视。穆宗同治四年(1865),经曾国藩推荐,陈宝箴授湖南候补知府。德宗光绪元年(1875),陈宝箴署湖南辰、永、沅、靖道事务;1880年,改任河北道(今河南省黄河以北);1882年,升浙江按察使;1886年,调至广东缉捕局任职;1887年,奉调郑州治理黄河决堤事务;1890年,授湖北按察使,不久改任布政使。1894年,甲午战争爆发,陈宝箴被授予直隶布政使,协助防御日军事务。其策略被光绪帝赞许,光绪帝委任他为督东征湘军转运,驻天津专摺奏事。1895年,陈宝箴擢升湖南巡抚,改革图强,支持"百日维新";"百日维新"失败后,被慈禧太后免职,携家人居新建县西山。1900年6月26日,陈宝箴因病去世,葬西山。

陈宝箴学识、人品、胆量俱佳,令识人无数的曾国藩叹为观止,称赞他为"海内奇士"。知人善用的曾国藩积极向同治皇帝推荐,使陈宝箴迅速得到重用。除了治国理政方面的惺惺相惜,曾国藩对小自己二十岁的陈宝箴爱护有加。陈宝箴做寿时,曾国藩亲自题写寿联"万户春风为子寿,半杯浊酒待君温",展现出两人深厚的情谊。

陈宝箴主政以民生为重,功绩卓著。他初到湖南时,逢苗民起义,反抗官府。有着丰富战争经验的陈宝箴迅速平定了动乱,但是他没有狭隘的民族观念,没有残酷地报复苗民,而是在保护苗民正当权益的基础上,惩罚了少数为首的不肯悔改的人。陈宝箴主政辰、永、沅、靖时,惩治地方恶势力,改善治安环境；多方筹集资金，甚至把自己的俸禄、老母亲多年的积蓄都捐献出来，疏通了沱江，改善了水路运输条件，活跃了当地经济；他任职河北时，全力治理河北大堤，在任期内黄河没有出现决堤现象；他重视教育，使河北风气为之改变。

陈宝箴任湖南巡抚时推行的湖南新政，不但深刻改变了湖南的命运，而且深刻影响了我国的历史进程，在我国历史上书写了波澜壮阔的一章。他深知用人是推行新政的组织保证，不改变腐败的吏治，不选拔沉稳坚毅、有谋略、能改革的人才，将一事无成。因而，他推行新政的头一件事就是整顿吏治，选用赞成变革之人。他先后考察弹劾府县中昏庸无能、不称职的二十多名官员，其中有的还有权有势，湖南的吏治遂改观。同时，陈宝箴请资产阶级维新派谭嗣同回籍宣传维新主张，并起用了谭嗣同在湘的密友唐才常、老师欧阳中鹄以及皮锡瑞等维新人士。当梁启超在上海办《时务报》受张之洞阻挠时，陈宝箴立即聘请他来湖南任时务学堂总教习。在选用维新人才时，陈宝箴还注意维新人才的培养。1897年10月，他在长沙设立"时务学堂"，随后又创办课吏堂、武备学堂，设立新政局作为筹划和推行新政的机关。

在维新思想的宣传和文化教育上，陈宝箴也倾注了自己的心血，重视学校在新政中的作用。时务学堂创办时，他亲自拟就《时务学堂招考示》。陈宝箴又严饬各府州县选送年轻、聪敏的可造人才来省上学，如无路费，由地方官设法垫付。他又接受梁启超建议，加收外课生，吸收二十岁以上的青年，使之粗明新学。他在长沙设立南学总会，并在各府县设立南学分会。继《湘学报》创办后，南学会又创办了《湘学》（日报）作为南学会的机关报。陈宝箴对此给予大力支持。他曾通饬各州县订购《湘学》和《湘学报》，并劝富绅自行购买分送。

陈宝箴是我国矿业、工业发展的先行者。光绪二十一年（1895）十月，他奏请设立矿务总局，以官办、官商合办、官督商办的形式，统筹矿产开采经营。他先后开采了常宁水口山铅锌矿、平江黄金洞金矿、新化锡矿山锑矿、桃江板溪锑矿等；同年十一月，还筹集官商股本三万两，创办"和丰火柴公司"。光绪二十一年（1895），他又接设湘鄂间电线，自湖北蒲圻至长沙，架线四百五十余里，开湘省电报业之始端；并屡颁告示，宣扬兴筑铁路、设立轮船公司之好处，力图兴建近代矿业、交通、邮电事业，来增加收入，实现国家富强。

亲历八国联军入侵的陈宝箴深信,只有强军,才能保家卫国。光绪二十四年(1898)一月,他在湖南对旧营进行裁汰,所留各营改称为旗,又派人招募新军,共得六旗,分驻岳州、长沙两地。他引进西方的新式武器,步伐、阵式都仿照西方,督促军士勤加训练,希望培养一支强大的军队。三月,他改求贤书院为武备学堂,以训练新式军官。

陈宝箴倡导的湖南新政虽然被以慈禧为首的封建复辟势力扼杀,但是他富国强兵的思想、敢为天下先的勇气,为同时代人称赞,并被后人传诵:

《湘学报》写道:"陈右铭中丞,亟力图维,联属绅耆,藉匪不达。兴矿务、铸银圆、设机器、建学堂、竖电线、造电灯、行轮船、开河道、制火柴,凡此数端,以开利源,以塞漏卮,以益民生,以裨国势,善于立法,而不为法所变。"

《日本报》写道:"陈公振湘政,尤津津不一二谈,又从而帜之曰湖南党。"

康有为赞道:"师师陈义宁,抚楚救黎蒸。变法兴民权,新政百务兴。"

陈三立

陈三立,字伯严,号散原,生于清文宗咸丰三年(1853)九月二十一日,义宁州(今江西修水)竹塅人,少年即才思敏捷,博学强记。清德宗光绪八年(1882)参加乡试,他不以八股体作文而以散文体答卷,初落选,后因主考官陈宝琛发现三立卷,大加赞赏,授举人。光绪十二年(1886),陈三立参加会试,1889年参加殿试,登进士榜,授吏部主事。陈三立任职三个月后,因不屑官场钩心斗角、碌碌无为,遂辞官,赴长沙协助父亲陈宝箴开辟湖南新政局面。百日维新失败后,陈三立致力于诗歌创作,创同光体诗派,名声大噪。陈三立有强烈的爱国情怀,1937年卢沟桥事变爆发,他忧国忧民,于八月初十病逝。

陈三立年轻时面对内忧外患,有强烈的救国救民情怀。平居之时,他常与有进步思想之士大夫交游,谈学论世,慷慨激昂,希望维新变法,还参加了"强学会"。甲午中日战争后,李鸿章赴日签订《马关条约》,陈三立闻讯,激愤异常,曾致电张之洞,"吁请诛合肥(李鸿章,安徽合肥人),以谢天下"。

光绪二十一年(1895)秋,他的父亲陈宝箴任职湖南巡抚时,他奉诏辅佐父亲推行新政。他协助父亲创办《湘报》,办时务学堂、算学馆,还广泛交游,结识梁启超、谭嗣同、黄遵宪等新派人物,集思广益,以求"三湘富强之道"。当年他被誉为"维新四公子"(即湖南巡抚陈宝箴之子陈散原、湖北巡抚谭继洵之子谭嗣同、礼部侍郎徐致靖之子徐仁铸和世家子弟陶菊存)之一。

戊戌变法失败后,陈宝箴父子受到株连,俱被革职,回到南昌。父亲死后,陈三立定居南京,不问政治,让出住宅办学,延请外国教师,教授英语、数学、物理、化学等新知识,改革教学方法,注重全面发展,反对死记硬背,开创南京新制小学之先河。光绪三十一年(1905),他与江西绅士李有棻创办江西第一条铁路南浔铁路,并先后担任协理、总理、名誉总理等职务。之后,他又与汤寿潜共同发起组建中国商办铁路公司,因故未果。

1934年,陈三立全家定居北平。1937年,卢沟桥事变爆发,陈三立表示:

"我决不逃难！"当年，北平、天津相继陷落。日军欲招纳陈三立，派人百般游说，希望他能像他的好友郑孝胥那样，出面辅佐溥仪政权。他坚辞拒绝，并痛骂郑孝胥是"背叛中华，自图功利"的民族败类，随即将再版的《散原精舍诗》中的郑孝胥为他写的序文撕掉，从此不再与他往来。

后来为抗议日寇密探的骚扰，陈三立绝食五日而死，终年八十五岁。为纪念陈三立，1945年江西省政府决定，将设在修水境内的赣西北临时中学改为省立散原中学。

陈三立诗文成就卓著，是同光体诗派成就最高的诗人，《辞海》在"陈三立"条目中就注明：陈三立是同光体重要作者。现代文学研究家、作家钱钟书曾经以"陵谷山原"来概述唐以后的四大著名诗人，其中的原就指陈三立。中山大学吴定宇教授论述陈三立先生的诗文说："他的诗歌创作代表了同光体诗派的最高成就，奠定了他在清末及民国初年诗坛的泰斗地位。"

陈三立先生为诗，初学韩愈，后师山谷，好用僻字拗句，流于艰涩，自成"生粤衍"一派。梁启超在《饮冰室诗话》中评曰："其诗不用新异之语，而境界自与时流异，醇深俊微，吾谓于唐宋人集中，罕见其比。"他作诗，主张"存己"，"吾摹乎唐，则为唐囿；吾仿乎宋，则为宋域。必使既入唐宋之堂奥，更能超乎唐宋之藩篱，而不失其己"。他的诗作题材广泛，尤其关注时事，反映动荡年代的变迁，饱含"家国之痛"。如面对八国联军在京畿一带烧杀抢掠的暴行，想到戊戌志士喋血未干，又有八国联军入侵及义和团运动、庚子事变及日俄战争爆发，陈三立对国家充满了忧患意识。他在《十月十四日夜饮秦淮酒楼，闻陈梅生侍御、袁叔舆户部述出都遇乱事感赋》写道："狼嗥豕突哭千门，溅血车茵处处村。敢幸生还携客共，不辞烂漫听歌喧。九州人物灯前泪，一舸风波劫外魂。霜月阑干照头白，天涯为念旧恩存。"还有一次，陈三立先生闻听《辛丑条约》签署，在南昌至九江的船上夜不能寐，披衣写下《晓抵九江作》："藏舟夜半负之去，摇兀江湖便可怜。合眼风涛移枕上，抚膺家国逼灯前。鼾声临榻添雷吼，曙色孤篷漏日妍。咫尺琵琶亭畔客，起看啼鸦万峰颠。"陈三立先生的诗以其强烈的个人情感、深厚的家国情怀大放异彩。天津学者王逸塘在1933年编写的《今传是楼诗话》中说，陈三立先生的诗"字字如迸血泪，苍茫家国之感，悉寓于诗"。1924年，印度著名诗人泰戈尔访华时,还专程到杭州拜会他。在徐志摩的陪同翻译下,两位诗家在美丽的西子湖畔的净慈寺互道仰慕之情,互赠诗作,在中印文化交流史上留下佳话。

陈三立生前曾刊行《散原精舍诗》及其《续集》《别集》,死后有《散原精舍文集》十七卷出版。

陈三立的书法亦颇可观,其取法黄山谷,参以北碑,而自写胸襟。尝自称"字第一,文第二,诗第三"。

陈三立一生铁骨铮铮,不依附权贵,不畏惧恶势力。曾经慧眼识英才,把陈三立从淘汰名单中发掘出来的陈宝琛,本着对陈三立的关心,把他推荐给皇帝,要他进宫给溥仪讲古文,陈三立婉言谢绝。他在庐山松门别墅避暑时,同在庐山的蒋介石派人通报三立先生,想拜谒他,他找借口避而不见。1932年,国民党政府召开"国难会议",邀请陈三立先生参加,他坚辞不去。北平沦陷后,日本侵略军妄图利用三立先生的名望粉饰政声,屡次三番派人劝诱。陈三立先生命用人拿扫帚驱赶,真正表现了一个文化人士的风骨。

陈三立先生育人有方,后辈人才济济。长子陈衡恪,字师曾,为中国近现代著名画家,与齐白石交情极深,曾劝齐白石变法,自创风格,王雪涛、王子云、李苦禅、刘开渠等皆出自他门下。陈衡恪次子陈封怀,是华南植物研究所所长,为我国的植物园建设事业做出杰出贡献,为我国植物园创始人之一。

次子陈隆恪早年赴日本留学,与鲁迅、李叔同、欧阳予倩等文化界名流交往,工作之余致力于诗词创作,有《同照阁诗钞》出版。

三子陈寅恪为史学大家,留学海外二十年,通十余种文字语言,真正的学贯中西。他三十多岁就与梁启超、王国维、赵元任一起受聘为清华大学国学院四大导师,为公认的现当代国学大师之一。

四子陈方恪擅长诗词,遗著有《适履集》。

五子陈登恪曾赴法国巴黎留学,毕业后从事高教工作,出版著作《留西外史》。

陈衡恪

陈衡恪

　　陈衡恪,字师曾,号槐堂、朽道人,生于清光绪二年(1876)二月十七日,五岁丧母,随祖父陈宝箴生活,受到良好教育。戊戌变法失败后,陈衡恪考入南京矿路学堂;1901年,进上海教会学校学习;两年后,赴日本留学。1909年,陈衡恪从日本东京留学毕业回国,任教于江苏南通师范大学讲授博物学,其间,拜吴昌硕学书画与印刻。1913年,陈衡恪应邀到湖南省立第一师范学校任教,当年秋受聘于北洋政府教育部,任教育部编纂处编审员;1915年2月,陈衡恪受聘担任北京高等师范学校国画教员,兼任北京女子师范及女子高等师范博物教员;1918年,应北京大学校长蔡元培邀请,担任北京大学画法研究会导师;1919年后,一直任北京高校的国画教授。1923年,陈衡恪因病去世,葬杭州西湖牌坊山。

　　陈师曾十五岁时,在长沙与著名书画家胡沁园、王闿运相识,常以书画请教。胡沁园、王闿运均为齐白石的老师。

　　光绪二十年(1894)冬天,十九岁的陈师曾与近代著名文学家范当世之女孝嫦(菊英)结发于祖父陈宝箴的湖北按察使署。南通名门范氏家族自明代诗人范凤翼起,至范当世、范钟、范铠辈已累九世,三百年深厚的文化积淀,代有诗文著述传播于世。这成为陈师曾的家学渊源另一个至关重要的源头。擅长书画的范当世在成为陈师曾的岳丈的同时,也成了他在行书方面的老师,范当世为南通耆儒,师曾"又濡染于妇翁范肯堂先生之诗学者至深"。在这一年,陈氏同时师从周大烈(字印昆)学文学,范仲霖(范当世胞弟)学汉隶、魏碑。陈师曾天资聪颖,好学不倦,在诗、书、画诸多名师的点拨下,融入自身创意,因而艺事日进,渐露锋芒。

　　光绪二十七年(1901),陈师曾入上海法国教会学校学习外语,为出国留学做准备。翌年,陈师曾和六弟陈寅恪从上海乘轮船去东京求学,到达日本后,与鲁迅同入东京弘文学院。该校是日本政府专门为中国留学生开办的一所补习学校。两年后的秋季,陈师曾进入高等师范学校,所学专业为博物科,仍与鲁迅同窗共读,朝夕相处。当时,鲁迅在东京筹办《新生》杂志,陈师曾积极支持和赞助。在日本期间,陈师曾还认识了两个人,一个是沈瓞民,另一个是李叔同(弘一法师)。与沈氏的交往可反映出陈氏在留日期间的思想状况,与李氏的交游则对日后陈师曾画艺的推广有着重要的意义。他们共聚一室,常常评论国家大事,共抒救国宏愿。当时,日俄战争正在我国东北地区进行,陈师曾、鲁迅等一批爱国之士时刻关注祖国的安危。这年5月,陈师曾与鲁迅、刘乃弼、顾琅、张邦华、伍崇学联名给沈瓞民回信。沈来信说,上海官绅对国难无动于衷,黄浦江畔依然灯红酒绿,醉生梦死。他们在回信中悲愤地说:"申浦宴游依然如昔,不独足下目击伤心,而弟等亦为之浩叹。"陈师曾也同时向国内亲友修书数封,揭露日俄战争的真相。

陈师曾是一个诗、书、画、印及画论兼擅的画家,真正奠定他在美术史上地位的是他的绘画艺术,他自己也说:"画第一,兰竹为尤;刻印次之,诗词又次之。"

陈师曾的绘画创作,非常重视精神上的美感教育,以养成高尚的人格,意在阐明文人画的精华。其作品以花卉方面的成就最为突出。他的花卉画多为大写意,工笔极少。他画花卉痛快淋漓,气势磅礴,用笔飞舞健爽,用墨燥湿浓淡任情挥洒,用色厚郁又娇艳绮丽。他的写意花卉近得吴昌硕亲传,远追陈淳、徐渭以及"扬州八怪"诸家,结合写生,自成一格。

他的人物画在近代中国美术史上影响深远。陈师曾首次将时装引入国画中,陈师曾所作风俗人物画紧贴社会生活,其描写北京市民生活的《北京风俗图》堪称史诗式的艺术佳构。

《北京风俗图》凡17页共34开,每开纵28厘米,横36.4厘米。作者用速写、漫画的形式,画出一些生活在社会底层且鲜为人知的劳动群体,如敲小鼓者、泼水夫、跑旱龙船者、老西儿、墙有耳、算命子、磨刀者、人力车、糖葫芦、橐驼、坤书大鼓、煤掌巴、丧门鼓、切年糕车、压轿嬷嬷、喇嘛僧、菊花担、淘粪夫、冰车、旗下仕女、话匣子、山背子、二弦师、夫赶驴等。这些风俗画,或描写普通大众的日常生活,或揭露现实社会之阴暗,具有浓郁的生活气息,是民国初年北京社会生活的真实写照；有些生活情景甚至在今天的北京城还能见到一些影子。《磨剪刀》一图中，一老者肩扛挂有磨刀工具的板凳，手托吆喝用的小喇叭，边吹边走。作品将磨刀人的职业习惯刻画得活灵活现，旁有陈止的题诗："厨下灯前动叹咨，剪刀在手总迟迟；磨来竟比并州快，如此才能值一吹。"诗画相映成趣。《墙有耳》一画，以茶馆为背景，厅内正面写着"闲谈莫论国事"几个大字，厅外墙边有人耳贴墙壁，探听厅内饮茶者的言谈，表现出百姓没有言论自由及统治者压制思想、害怕人民的胆怯心理。《卖烤白薯》描写一对骨瘦如柴的父子在凄冷的寒风中坐于街头孤零零地卖烤白薯的情形，反映出挣扎在贫困线上的下层人民的生活实际，旁有别人诠释曰："凄凄北风，守彼儿童，饥则白薯，渴则山里红，据瓠而坐，如倚熏笼，闷来偷吸有云龙。"

《北京风俗图》笔法简练，寓意深刻，被称为近代漫画之开山鼻祖。有论者谓此作有金冬心、罗两峰遗意，更有论者认为这是陈师曾艺术革新思想的具体表现，是中国人物画发展史上一件具有里程碑意义的作品。

陈师曾在书法上，隶、籀、魏、行、真皆工，其中篆隶最强。他年少时便从周大烈、范仲霖那里学习汉隶和魏碑，后来深受吴昌硕的影响。尤其是在篆隶方面，吴昌硕写的石鼓文厚重苍劲，而陈师曾写的石鼓文则少了一些吴昌硕的霸气张扬，显得更为平实含蓄。最能代表陈师曾个性的书法也许要数他的行草，在他的一些尺牍书札和山水花草小品上的题跋，轻巧简练又不失厚重，自然磊落又不失朴拙，有时也带有些许天真烂漫之意，使得整幅作品活泼生动，意趣盎然。

陈师曾不仅是一位画家，更是一位美术史家和美术教育家，他在美术史研究和美术教育领域取得了不菲的成就。陈师曾关于画史的理论文章和著作有《中国绘画史》《清代山水画之派别》《清代花卉画之派别》和《中国人物画之变迁》；画论部分的主要文章有《绘画源于实用说》《文人画之价值》和《中国画是进步的》。

陈师曾热心倡导美育，亲身从教，致力于培养美术人才。他的教学思想是启发学生的自觉，主张书画同源，重视基本功的训练。对于中外艺术，他主张融会贯通，取长补短，创作出自己的风格。他培养了刘开渠、李苦禅、王雪涛、俞剑华、王子云、王友石、高希舜、张肇铭等著名画家。

1917年,陈师曾去法源寺拜访齐白石,齐白石取出《借山图》给他赏鉴。陈师曾见之甚喜,认为此画与众不同,画格很高,遂另借去作品十余幅,悬挂于"槐堂",反复欣赏。他说:"齐白石的《借山图》,思想新奇,不是一般画家能画得出来的,可惜一般人不了解。我们应该特别帮助这位乡下老农,为他的绘画宣传。"白石老人经常去"槐堂"与师曾谈画论世,称"得师曾为朋友,可为纪念之事"。1922年,陈衡恪应日本知名画家邀请,赴日本参加"中日联合绘画展览会",他携带了中国画家的作品二百余幅,其中就有齐白石的作品十余幅,共售得三百余元。齐白石高兴赋诗"海国都知老画家""百金尺纸众争夸"。

1923年暑期,师曾继母俞淑人患疾,先生驰归南京侍奉汤药,因劳累过度,饮食不调而染伤寒,又被庸医误诊为痢疾,9月17日(农历八月初七),不幸于南京逝世,时年仅四十有八。噩耗传到北京,画坛震惊!齐白石对于师曾之死极为悲痛,他在《自传》写道,"我失掉一个知己,心里头感觉得异常空虚,眼泪也就止不住流了下来",并有"君我有才招世忌,谁知天亦厄君年","此后苦心谁识得,黄泥岭上数株松"之叹。吴昌硕说:"太可惜了,他是一个不寻常的人。"远在布鲁塞尔的蔡元培,从北京《晨报》知道此消息,写下《哀陈师曾》,以表痛思:"陈师曾君在南京病故。此人品性高洁,诗书画皆能表现特性,而画尤胜。曾在日本美术学校习欧洲画时,参入旧式画中,有志修《中国图画史》。在现代画家中,可谓难得之才,竟不永年,惜哉!"

1923年10月17日,师曾在北京的友人、弟子及文艺界的名流等三百余人在江西会馆为其举行追悼会。挽诗挽联数百件,并陈列山水、花卉、人物百余幅遗作,以志哀幕。周养庵、周印昆、梁启超、凌直支、姚茫父等均发表演说。梁启超云:"师曾之死,其影响于中国艺术界者,殆甚于日本之大地震。地震之所损失,不过物质,而此损失,乃为无可补偿之精神。"并撰挽联:"道旁踯躅一诗癯,京国十年,赠画忽怜难再得;天上凄凉此秋夕,钟山一老,寄书不忍问何如"。无尽哀思无法挽回一代大家的生命,但却足以说明陈师曾在当时文化界的地位。

陈寅恪

清光绪十六年(1890),陈寅恪先生出生于湖南长沙,生时祖母黄夫人以其生值寅年,取名寅恪,恪为兄弟间排辈。陈寅恪儿时启蒙于家塾,学习四书五经、算学、地理等知识。

光绪二十六年(1900),陈寅恪祖父陈宝箴去世后,父亲陈三立举家迁居江苏金陵,在家中开办"思益学堂",教授四书五经、数学、英文、体育、音乐、绘画等课程,先后延聘国学大师王伯沆、柳翼谋、周大烈。陈家两代素来倡议新政,"思益学堂"领风气之先,采用现代化教育。陈三立与教师相约一不打学生,二不背死书,一派新式作风,深得当时两江总督张之洞赞赏。如此家学渊源下,陈寅恪自小不仅打好了深厚的国学底子,眼界扩及东西洋,留学日本前便"从学于友人留日者学日文"。

光绪二十八年(1902),陈寅恪随兄衡恪东渡日本,入日本巢鸭弘文学院。

光绪三十一年(1905),陈寅恪因足疾辍学回国,后就读上海复旦公学。

宣统二年(1910),陈寅恪自费留学,先后到德国柏林大学、瑞士苏黎世大学、法国巴黎高等政治学校就读。因第一次世界大战爆发,陈寅恪于1914年回国。

1918年冬,陈寅恪又得到江西官费的资助,再度出国游学,先在美国哈佛大学随篮曼教授学梵文和巴利文。

1921年,陈寅恪又转往德国柏林大学随路德施教授攻读东方古文字学,同时向缪勤学习中亚古文字,向黑尼士学习蒙古语。在留学期间,他勤奋学习,积累各方面的知识,而且具备了阅读梵文、巴利文、波斯文、突厥文、西夏文、英文、法文、德文八种语言的能力,尤以梵文和巴利文最为精通。文字是研究史学的工具,他国学基础深厚,国史精熟,又大量吸取西方文化,故其见解多为国内外学人所推重。

1925年,陈寅恪回国。这时,清华学校改制为大学,设立研究院国学门,由胡适建议采用导师制,其"基本观念是想用现代的科学方法整理国故"。清华大学聘任当时最有名望的学者王国维、梁启超、陈寅恪、赵元任等人为导师,人称清华四大国学大师。当时的研究院主任吴宓很器重陈寅恪,认为他"最为学博识精"。梁启超向校长曹云祥力荐陈寅恪做导师,并向人介绍:"陈先生的学问胜过我。"

1926年6月,陈寅恪只有三十六岁,就与梁启超、王国维一同应聘为研究院的导师,并称"清华三巨头"。

1928年,陈寅恪在上海与台湾巡抚唐景崧的孙女唐筼结婚。二人育有三女,一生相濡以沫。

1929年,陈寅恪在所作的王国维纪念碑铭中首先提出以"独立之精神,自由之思想"为追求的学术精神与价值取向。他当时在国学院指导研究生,并在北京大学兼课,同时对佛教典籍和边疆史进行研究、著述。陈寅恪在清华大学开设语文、历史、佛教研究等课程。他讲课时或引用多种语言,佐证历史;或引诗举史,从《连昌宫词》到《琵琶行》《长恨歌》,皆信口道出,而文字出处又无不准确,伴随而来的阐发更是精当,令人叹服!盛名之下,他朴素厚实,谦和而有自信,真诚而不伪饰,颇具学者本色。

1930年,清华国学院停办,陈寅恪任清华大学历史、中文、哲学三系教授兼中央研究院理事,历史语言研究所第一组组长,故宫博物院理事等职。

1937年7月,抗日战争爆发,日军直逼平津。陈寅恪的父亲陈三立义愤绝食,溘然长逝。治丧完毕,陈寅恪随校南迁,开始过着颠沛流离的旅途生活。

1938年秋,西南联大迁至昆明,他随校到达昆明。

1939年春,英国牛津大学聘请他为汉学教授,并授予英国皇家学会研究员职称。他是该校第一位受聘的中国语汉学教授,在当时这是一种很高的荣誉。他离开昆明到达香港,拟全家搭英轮转赴英国牛津大学任教,因第二次世界大战爆发,被逼暂居香港,任香港大学客座教授兼中文系主任。

1941年12月8日,太平洋战争爆发,日本人占领香港,陈寅恪立即辞职闲居。日本当局持日金四十万元委任他办东方文学院,他坚决拒绝。

1942年春,有人奉日方之命,专程请他到已被日军侵占的上海授课。他又

一次拒命,随即出走香港,取道广州湾至桂林,先后任广西大学、中山大学教授,不久移居燕京大学任教。这一时期,在繁忙的教学中,他仍致力于学术研究,先后出版了《隋唐制度渊源略论稿》《唐代政治史述论稿》两部著作,对隋唐史提出了许多新的见解,为后人研究隋唐史开辟了新的途径。

1945年,抗战胜利后,陈寅恪再次应聘去牛津大学任教,并顺便到伦敦治疗眼睛,但由于此前在国内进行过一次不成功的手术,再经英医诊治开刀,目疾反而加剧,最后下了双目失明已成定局的诊断书。陈寅恪怀着失望的心情辞去聘约,于1949年返回祖国,任教于清华园,继续从事学术研究。中华人民共和国成立前夕,他到广州,拒绝了中央研究院历史语言研究所所长傅斯年要他去台湾、香港的邀请,任教于广州岭南大学。后院系调整,岭南大学合并于中山大学,陈寅恪遂移教于中山大学。

1949年,中华人民共和国成立后,陈寅恪先后被选为中国科学院社会科学部委员、中国文史馆副馆长、第三届全国政协常务委员等职。

1957年,陈寅恪开始治疗眼疾。

1962年,陈寅恪右腿骨折,胡乔木前往看望,关心他的文集出版。他说:"盖棺有期,出版无日。"胡乔木笑答:"出版有期,盖棺尚早。"在助手的帮助下,他把《隋唐制度渊源略论稿》《唐代政治史述论稿》《元白诗笺证稿》以外的旧文,编为《寒柳堂集》《金明馆丛稿》,并写有专著《柳如是别传》,最后撰《寒柳堂记梦》。他的助手黄萱曾感慨地说:"寅师以失明的晚年,不惮辛苦,经之营之,钩稽沉隐,以成此稿(即《柳如是别传》)。其坚毅之精神,真有惊天地、泣鬼神的气概。"

二十世纪六七十年代,陈寅恪遭到残酷折磨。使他最伤心的是,他珍藏多年的大量书籍、诗文稿,多被洗劫。

1969年10月7日,陈寅恪在广州离开人世;11月21日,其夫人唐筼辞世。

陈寅恪是史学大师,在研究中探索出新的考据方法。他以考据为手段,在考证历史事实的基础上,还注意探求历史发展的规律。陈寅恪在继承乾嘉学者实事求是、精密严谨的考据之学时,也吸收了宋代学者追求义理的作风,注重探求历史的规律。在西方历史语言考证学派的影响下,他十分重视对语言工具的学习，善于利用自己所掌握的语言工具，对中外文资料进行比较研究。在西方文化史学的影响下，他在历史研究中引入文化史学观点，从民族与文化两个角度来进行研究，拓展了史学研究的范围。在继承传统的前提下，陈寅恪对考据方法加以创新，形成了独具特色的新考据方法。其考据方法即"诗史互证"与比较的方法。

"诗史互证"是陈寅恪在研究中用得最多，最具特色的一种考据方法。他首先注意到唐诗的史料价值。因唐诗的作者来自社会各阶层，唐诗中许多作品直接反映了现实生活，可以补正正史之不足及讹误。除唐诗外，小说也可以用于证史。他还提出了利用小说证史应注意的一些原则。《柳如是别传》是陈寅恪"诗史互证"的力作，此书通过笺释钱谦益、柳如是的诗文，系统地论述了明末清初的一系列重大历史事件。陈寅恪"诗史互证"方法的运用，既是对史料范围的扩展，也是对考据方法的创新。

比较的方法体现在他利用自己掌握的语言工具，进行中外文资料的比较研究，发现了许多前人未发现的问题，并阐明了自己的看法。他利用这种方法在蒙古史研究中获得了许多成果；他还利用对音方法考证出史书中的一些地名，以及书籍在辗转翻译过程中出现的一些错误。与王国维一样，陈寅恪也注重地上实物与地下实物的比较研究，特别是利用敦煌出土资料释证文献记载，并有许多发现。

陈寅恪与王国维、陈垣等形成了中国史学史上具有代表意义的"新考据学派"。研究的范围，涉及中古史、宗教史、蒙古史、敦煌学等，并取得了不少开创性的成果。

陈寅恪先生在区域文化研究方面也硕果累累。《蒙古源流》是明朝万历年间内蒙古萨囊彻辰所著，其中夹杂不少神话传说，与元代蒙汉文史书多有不同，往往让人们困惑不解。二十世纪三十年代初，陈寅恪发表了四篇论文，探明了《蒙古源流》一书的本来面貌，使人们对原来困惑不解的难题得以了解，对后来的蒙史研究产生重大影响。

1930年，陈寅恪在其所撰《陈垣敦煌劫余录序》中最早提出"敦煌学"的概念，指出"敦煌学者，今日世界学术之新潮流也"。在该序中，陈寅恪就北京图书馆所藏八千余卷敦煌写本提出九个方面的研究价值，即摩尼教经、唐代史事、佛教文义、小说文学史、佛教故事、唐代诗歌之佚文、古语言文字、佛经旧译别本、学术之考证，为敦煌学研究指明了方向，并撰写多篇论文、专著。他在敦煌学资料的抢救、整理、敦煌学的确立及发展等各方面都做出了突出的贡献，使敦煌学终于成为二十一世纪的"显学"。

陈寅恪积极促进当时国内对于藏文书籍文献的保护和收藏，中央研究院历史语言研究所曾存有陈寅恪整理的《西藏文籍目录》。除此之外，陈寅恪还曾在流亡云南蒙自时期撰写《蒙古源流注》，该书稿系依据其蒙、满文诸本，并参稽其所出之西藏原书，《四库提要》所谓"咖喇卜经"等者，考订其得失，与沈乙庵书大异。陈寅恪另又花费了大量心血比勘佛经的梵、藏、汉译本之异同得失而撰写《校记》，可惜这些资料及文稿均毁于战火。

在突厥学方面，陈寅恪摒弃了把突厥史作为隋唐史附属品的陈旧观念，肯定了"突厥在当时实为东亚之霸主"的地位。他以"外族盛衰之连环性"解释唐与突厥间力量的迅速消长变化以及霸权地位的急剧转化，表现出卓越的史识。

陈寅恪对佛经翻译、校勘、解释，以及对音韵学、蒙古源流、李唐氏族渊源、府兵制源流、中印文化交流等课题的研究，均有重要发现。佛学研究是他的宗教学研究中最重要的内容。他利用丰富的语言学知识，开辟了南北两传比较研究的领域，注意研究中国佛教的源与流的关系，梳理佛教名相的产生和演变，指出了以往中国佛教翻译的"误译"或"误解"的问题。

陈寅恪精通梵文和多种西域古代语言。更有盛传其通晓包括英、法、德、俄、西班牙、日、蒙、阿拉伯、梵、巴利、突厥、波斯、匈牙利、满、藏、希伯来、拉丁、希腊、回鹘、吐火罗、西夏、朝鲜、印地、暹罗等二十余种语言。陈寅恪对历史语言学和"死文字"的运用，并非专注于通晓语言本身，更非将学习外族文字作为奇巧淫技式的学问展示，他更多的是借用语言为辅助工具，其学问的核心关照，还是海内文明、中土史地。

陈寅恪不仅是史学大家，其在旧体诗方面亦是卓然大家。他特别喜好平民化的诗，故最推崇白居易，在他《论再生缘》中所以有"论诗我亦弹词体"之句，有《诗存》问世。其平生著作，经过他的学生、复旦大学中文系教授蒋天枢的整理、校勘，已编纂成一套两卷计两百万字的《陈寅恪文集》，此书于1979年由上海古籍出版社出版。

陈寅恪一生从事教育事业，在清华大学时，在师生中享有"盖世奇才""教授的教授""太老师"等称誉。在西南联大、岭南大学，他同样享有崇高的威望。他讲授的课程主要有佛经翻译文学、梵文文法、两晋南北朝史、唐史、唐代乐府、唐诗证史等。

陈寅恪对学生的爱护无微不至，对学生生活和毕业后的就业问题，也非常关心。他认为问答式的笔试，不是观察学问的最好方法。他做论文，要求有新资料、新见解。他从不要求学生用死记硬背的方法，而是鼓励思考，他更反对"填鸭式"的教育方式。"桃李满天下"，对陈寅恪来说，当之无愧。他为国家培养了许许多多的优秀人才，其中不乏季羡林、蒋天枢等大师。

逸事

之一，四不讲。

陈寅恪治学面广，对宗教、历史、语言、类学、校勘学等均有独到的研究和著述。他曾言："前人讲过的，我不讲；近人讲过的，我不讲；外国人讲过的，我不讲；我自己过去讲过的，也不讲。现在只讲未曾有人讲过的。"因此，陈寅恪的课上学生云集，甚至许多名教授如朱自清、冯友兰、吴宓、北大的德国汉学家钢和泰等都来听他的课。

之二，考试怪题。

1932年，清华大学举行新生入学考试，中文系主任刘文典约请清华国学研究院"四大导师"之一的著名史学家陈寅恪为中文考试代拟试题。当时陈寅恪已定次日赴北戴河休养，就匆匆草就普通中文试题——作文《梦游清华园记》。另一题为"对对子"，上联为"孙行者"。

这次考试，结果一半以上考生交了白卷。对出"胡适之"而获满分的考生，仅周祖谟（著名语言学家、北京大学教授）一人，答"祖冲之"者，也视为符合要求，因"祖""孙"尚可成对。还有一考生对以"王引之"，对得也不错。考卷中凡答"唐三藏""猪八戒""沙和尚"等都不及格。

当时正是白话文运动蓬勃发展之时，因此有人在报上批评清华大学食古不化,不应出怪题——"对对子"考学生。陈寅恪对于用"对对子"的形式为考题,提出四条理由:一、测试考生能否区分虚字和实字及其应用;二、测试考生能否区分平仄声;三、测试考生读书之多少及语藏之贫富;四、考查考生思想条理。陈寅恪的解释文章一经发表,这场"风波"即告平息,可见陈公名望颇能服众。

之三,夫妻情深。

陈寅恪摔断股骨之后,长年卧床,唐筼竭尽全力护理丈夫。在频繁的政治运动中,陈寅恪所有的"声明""抗议书",乃至"交代材料"全出自唐筼之手。陈寅恪内心的痛苦、忧愤,应该说唐筼感受得最深切,也最剜心透骨。尽管如此,她却总是努力用女性的全部柔情为丈夫带去心灵的慰藉。1955 年,在两人的结婚纪念日,陈寅恪题诗曰:"同梦葱葱廿八秋,也同欢乐也同愁。"唐筼步原韵和道:"甘苦年年庆此秋,也无惆怅更无愁。"同年为陈寅恪祝寿,唐筼赋诗道:"今辰同醉此深杯,香羡离支佐旧醅。郊外肴蔬无异味,斋中脂墨助高才。考评陈范文新就,笺释钱杨体别裁。回首燕都初见日,恰排小酌待君来。"尾联满怀深情地回首二十七年前二人在京华初识的情形,也表明自己虽然历尽磨难,依然无悔当初的选择。陈寅恪经常对女儿说:"我们家里头,你可以不尊重我,但是不能不尊重你们的母亲。""妈妈是主心骨,没有她就没有这个家,没有她就没有我们,所以我们大家要好好保护妈妈。"

之四,繁体竖排。

陈寅恪对文字改革的鲜明态度,向为学界所知。他曾明示自己的著作一定要繁体竖排,否则宁可不出。从 1956 年 1 月 1 日起,中国报刊实行了横排横写。1 月 31 日,《人民日报》发表《汉字简化方案》。1956 年,陈寅恪有诗《丙申春日,偶读杜诗"唯见林花落"之句,戏成一律》。陈寅恪历来持有中国文化本位主义的观念,此诗恰是借咏花之事,发出他对触动中国文化根基的文字改革的反感。

此后,关于陈寅恪所著文集的出版物无不遵其遗愿,繁体竖排。如吴学昭所著的《吴宓与陈寅恪》一书,采用的是通行的横排简体字,然而其中陈寅恪的诗句或文章全部是用繁体字印刷的。

之五,二无导师。

新成立的国学研究院有四大导师,第一位是开创用甲骨文研究殷商史的王国维;第二位是戊戌变法的核心人物,著述等身的梁启超;第三位是从哈佛大学回国的著名语言学家赵元任。三位导师性格迥异,但都大名鼎鼎。而四大导师中最晚到校的陈寅恪,在当时并不出名,与王国维、梁启超、赵元任相比,陈寅恪既没有显赫的声望,又没有镇服人心的学位。无著作、无文凭的陈寅恪受梁启超(一说吴宓)举荐为导师时,一度为当时的清华校长曹云祥所拒绝。但事实是,远在德国游学的陈寅恪接到国学院导师的聘书时,年仅三十六岁。1925 年,陈寅恪的身影出现在清华园里。令师生们惊叹的是陈寅恪的博学,他在课堂上讲授的学问贯通中西,连清华大学的教授们也常来听。有人称他为"活字典",也有人称他是"教授的教授"。

当年的华北学术界分成两派,一派是本国培养的学者,另一派是有留学经历的学者。本土派认为,洋派不懂国情,你的学问再高,也是隔靴搔痒,解决不了中国问题。留洋派觉得本土派太迂腐,眼光太狭隘,没掌握现代化的工具,因而两派互相瞧不起。但不管哪一派,谁都不敢瞧不起陈寅恪,这在学术界堪称传奇。吴宓曾不无感慨地说道:"其历年在中国文学、鸣学及诗之一道,所启迪、指教宓者,更多不胜记也。"

陈封怀

　　陈封怀，清光绪二十六年（1900）四月十八生于南京，近代著名画家陈衡恪之子。他出生的当年，母亲病逝，自小受祖父、祖母照顾，习诗词、书法、绘画，但以后专攻林农学科。陈封怀在南通和上海念完小学后，以优异成绩考入南京金陵中学，继而升入教会开办的金陵大学，就读于农科，师从著名植物学家陈焕镛。1925年，震惊中外的"五卅"惨案发生后，神州大地反对帝国主义的革命浪潮一浪高过一浪，陈封怀为爱国热情所驱使，愤然离开金陵大学，转入国人创办的东南大学。这两所学校学分不衔接，他宁可牺牲一些学分，延迟一年毕业也在所不惜。

　　由于在大学里受到著名植物学家陈焕镛在植物学上的引导，陈封怀对植物学产生了浓厚的兴趣。1927年，他在东南大学农学院毕业后，先后在吴淞中国公学、沈阳文华中学执教一年，又在清华大学任助教两年，便加入了设在北平以研究动植物分类为主的静生生物调查所，接连五年在河北以及东北三省进行植物调查和标本采集，积累了丰富的实践知识，发表了有关镜泊湖植物生态和河北菊科植物的论文。1934年，陈封怀参加公费出国留学考试，以优异成绩被录取，进入英国爱丁堡皇家植物园研究、学习，在当时世界著名的植物学家史密斯（W. Wright Smith）的指导下，研究报春花科、菊科以及植物园的建设和管理。留学期间，他还到英国的邱园以及德国、法国、奥地利等各大标本馆做短期研究工作。自1936年学成归国，五十多年来，他一直奋斗在祖国科研和教育战线，曾历任庐山植物园主任、中正大学园艺系教授、江西省农业科学研究所副所长、中国科学院南京中山植物园副主任、武汉植物园主任、华南植物园主任、华南植物研究所所长，还兼任广东省植物学会名誉理事长、中国建筑学会和园林学会顾问，为中国的科学事业，特别是植物园的建设事业做出了杰出的贡献。

　　1993年4月13日，陈封怀与世长辞，享年九十四岁。

　　陈封怀是庐山植物园的创始人之一。1934年，胡先骕创立的静生生物调查所和江西省立农业院合作创建庐山森林植物园,陈封怀便在庐山山上、山下忙碌开了。1934年8月20日,他参加庐山森林植物园成立大会后,便赴英国留学,学习植物园的科学与艺术,潜心研究报春花科和菊科植物。1936年,陈封怀学成归国前,由于他学习勤奋、严谨以及聪颖,深受赏识,加之当时日军已入侵中国东北,一场全面的战争即将爆发,师友均挽留他在英国工作,但他婉言谢绝了。归国后,他又放弃留在大城市工作的机会,毅然回到他的故乡——江西,来到阔别两年的庐山森林植物园,任技师兼副主任,为植物园的建设和发展辛勤工作,在短短的三年间使植物园初具规模,并确定了以引种松柏类植物为主要方向。正当庐山森林植物园的建设蓬勃发展的时候,1938年日本侵略军攻陷马当后又打下九江。在植物园其他领导人先期撤离庐山之后,他仍然坚守岗位;直至庐山能听见炮声时,他才在工人的劝说下,洒泪离开庐山,辗转到江西泰和县的中正大学园艺系任教,直到1946年。抗战刚结束,陈封怀马上回到庐山,尽管呈现在他面前的是满目荆棘、断瓦残垣,建筑全部被毁,过去引种栽植的珍贵植物损失殆尽。在这样极端艰难困苦的条件下,他果敢地挑起了恢复建园的重担,出任园主任。他团结职工,在仅存四壁的房子上,盖上茅草,住了下来;在经费来源断绝的情况下,借钱印刷出售种苗的目录,用向国外出售种苗等生产自救办法,筹集资金,恢复和发展植物园;他同时兼任中正大学教授,定期步行上、下庐山,以授课所得贴补职工生活,弥补植物园的支出,坚持创业。此时的陈封怀不仅要与艰难困苦的条件做斗争,还要与破坏植物园的行为进行斗争。1948年,蒋介石、宋美龄为了装饰他们在庐山的别墅——美庐,一天派了四个彪形大汉到庐山植物园,强行挖掘鲜艳如丹的红枫。陈封怀不畏强暴,挺身而出,说:"红枫不能挖,树木是植物园的,我的责任是保护。"以凛然正气迫使那几个挖树的汕汕而退。此后,当时的江西省主席王陵基为此曾"宴请"他,要他"割爱",当时的庐山管理局局长为此威逼他,他都丝毫不为这一切所动。中华人民共和国建立前夕,国民党军队的散兵游勇,趁撤退之机,在庐山大肆抢劫,搜刮民财,人们纷纷逃避,他却与职工一道,临危不退。一天深夜,国民党的散兵游勇以土匪的面目出现,将他捆绑起来勒索钱财。幸好第二天,中国人民解放军登上了庐山,他才得到了解救,也使中国当时唯一的植物园得以保存下来。

中华人民共和国成立后,陈封怀的学术得到进一步发挥。1953年,他应邀参加杭州植物园的设计和规划;同年,他受命前往南京参加中山植物园的创建;1958年,他奉命参与武汉植物园的创建。1963年,陈封怀调广州华南植物研究所工作后,本已到了退休年龄,但他怀着对事业的挚爱,一方面亲临实地指导、了解、考察植物的栽培、采种挖苗,一方面带领学生系统研究我国报春花科植物,考证出十三属五百余种,并且纠正了前人在报春花属植物在分类、生长习性、演化等方面的错误,弥补了不足,这一成果在1993年荣获中国科学院自然科学一等奖。

鉴于陈封怀在植物园建设、植物研究方面的重大贡献,他在国内被誉为"中国植物园之父"。他担任过中国植物学会理事、中国园艺学会理事、园林学会顾问,入选《中国科学技术专家传略》。同时,他曾任英国皇家植物学会会员;1981年,在澳大利亚召开的第九届国际植物园协会上,他当选国际植物园协会常务会员。他曾经受我国政府委派,前往朝鲜平壤指导中央植物园建设,以副团长身份带队到泰国考察。

逸事

之一。陈封怀的儿子陈贻竹(植物生理学专家、博士生导师)回忆说:"父亲喜欢与各种人接触,我家总是有人来玩、交谈,而且总是留住吃饭。"不论在哪个植物园,陈封怀都是行政负责人,又是业务负责人。他经常和植物园工人一起早出晚归,爬山越岭,从不摆架子,深受工人爱戴。

之二。陈封怀生性乐观。二十世纪六七十年代,他被打成"反动学术权威",他胸怀坦荡,自备"行头"去接受批斗,从不悲观。

之三。1994年,陈封怀被安葬在庐山植物园一片水杉林中,与我国植物学研究先驱胡先骕、秦仁昌为伴,后人敬称这片墓区为"三老墓"。

黄蜚秋

在中华戏剧园中，京剧是一朵奇葩。自乾隆年四大徽班陆续进京，与汉调艺人合作，吸收融合昆曲、秦腔等地方戏的优点的基础上形成京剧开始，京剧得到空前的繁荣，成为中国五大戏曲剧种之一，被视为国粹。京剧在民国时期达到鼎盛，产生了王瑶卿、梅兰芳、程砚秋、尚小云、筱翠花等京剧大师，以及徐碧云、黄桂秋、黄蜚秋、刘筱衡、小杨月楼、赵君玉、张君秋等一大批京剧名旦，可谓群星灿烂，光彩夺目。而有"江西梅兰芳"之称的黄蜚秋，就诞生在"濂溪弦铎之地，山谷桑梓之乡"的修水，是从义宁古城铁炉巷林家祠堂走出来的京剧奇才。

黄蜚秋1917年出生于修水，父母在老城鹦鹉街经营一间纸行，家境还算宽裕。他家是书香门第，老祖宗黄山谷誉满天下，数到黄蜚秋这辈应是第三十二代。父亲为使儿子出人头地，继承家学，在他七岁的时候，就将他送到洪坑的一家私塾读四书五经。然而他却迷上了京剧，这倒令大家意外，也引起了父亲的不满，大他两岁的姐姐黄位平却支持他，并常在父母面前为其开脱。那时县城有很多戏园子，新、老万寿宫，奉新会馆都有戏园，县党部也时有演出，长沙、武汉、南昌等地的戏班也经常光顾。如遇上节日，或有钱人家的喜庆之日，都会有京剧演出。少年黄蜚秋与小伙伴总是争先恐后地去观看，久而久之，就成了票友。

刚满十二岁的他去南昌上中学，使他开阔了眼界。南昌是省城，许多名旦常来演出。于是他在这段时间结识了很多京剧票友，并且经叔父黄律人介绍，向梅兰芳妹夫徐碧云拜师学艺。当时徐碧云听了黄蜚秋一段《凤还巢》后大加赞赏，当即表示愿意收他为徒；黄律人便在南昌大三元酒店摆了两桌酒，为小蜚秋举行拜师仪式。在南昌，吕慧君这位红极一时的著名男旦也非常喜欢黄蜚秋，带他练功，还教他《金锁记》《御碑亭》等剧目。后来，他又向老伶工满子善学戏。每天上学之前，天未亮他就练毯子功、拿大顶、打快枪等，放学回来吊嗓子，有时学到深夜。1934年，黄蜚秋入南京金陵大学读书，为他后来的京剧艺术水平的提高夯实了基础。在南京,黄蜚秋与诸多梨园名伶时相往来,活跃在南京的公余联欢社、华声社、艺声社、阳春社等四大票房,与汪剑云、黄梅安、杨畹农、高华等时相往来,切磋技艺。黄蜚秋还在上海结识了有"北梅南欧"之称的欧阳予倩。抗日战争期间,他只身来到湖南,与票界名宿余派老生莫敬一合作,为赈灾举行了两场义演,并在朋友的资助下组建了"蜚声剧团",在各大城市巡回演出。武汉、长沙、贵阳、南昌、九江以及老家修水等地到处都留有他的身影,时人把他与名旦黄桂秋并称"江南二黄"。他独树一帜的演唱风格、精湛的表演艺术,受到了各地观众的喜爱和称赞。

新中国成立后,黄蜚秋调入中国戏曲研究院,专门从事导演与戏曲研究。他首先与马彦祥、王瑶卿等名家合作,为叶盛兰、杜近芳编排了《柳荫记》,轰动京剧艺坛;1954年为张君秋整理编排了《孔雀东南飞》,参加北京市首届戏曲观摩会演,获得演出与导演奖。因为成绩优异,次年他被调入中国戏曲学校任教,兼任中国戏曲学校实验京剧团导演,深受学生们的赞誉和尊敬。他编排的京剧《三关排宴》,由刘长瑜、王梦云、曹佛生等演出,作为毕业献礼剧目,向中央领导汇报演出,获得嘉奖。黄蜚秋为中国戏曲学校首届毕业的"四大女生"之一的许再蓉排演的《鸿雁捎书》,为表现王宝钏盼望丈夫薛平贵早日归来的急切心情,在唱腔上做了新的设计。在"恨杜鹃不往耳边鸣"这一段中,黄蜚秋创造了"西皮二六转慢板"的唱腔板式,新颖别致,真切感人,得到了京剧大师王瑶卿的高度肯定:"京剧有京剧的舞台规律,戏按规律去演,这规律就合情合理!这段'西皮二六转慢板'唱腔是一大突破,符合戏的情理,这就是发展创新。"在从事京剧教学的岁月里,黄蜚秋为中国的京剧事业培养了不少人才,杨秋玲、刘长瑜日后成了京剧界的代表人物。

黄蜚秋对京剧历史研究与表演理论有很深的造诣,对旦角唱腔、字韵、发音有独到的见解,并将之贯穿到教学中。他严格要求自己,坚持不懈,使得表演艺术不断提高。1959年,黄蜚秋应邀赴庐山汇报演出。据观看演出的姐姐黄位平与外甥女回忆,演出结束时,黄蜚秋五次谢幕,赢得了阵阵掌声。二十世纪六十年代中期,黄蜚秋受到批判,被下放到京郊一个养牛场劳动改造,到七十年代初期才获自由。因为大环境的影响,其艺术创作受到干扰。十一届三中全会以后，黄蜚秋又重新焕发了青春，在北京戏曲研究所工作的他，经常受聘到各地讲学，撰写了十多万字介绍京剧旦行各流派的文章，受到同行的好评。《京剧男旦与戏曲艺术的发展》一文在《人民日报（海外版）》发表，影响很大。

进入二十世纪九十年代以后，黄蜚秋已进入古稀之年，户外活动渐渐减少，但离休后的他仍受聘于原单位，担任两所艺术院校教学工作，在家面授研究生，主要讲戏剧史及表演导演理论等，还有不少青年演员登门求教，同时有不少报刊向他约稿，难得空闲时间。二十世纪九十年代末，为保存老一辈艺术家的经典剧目，中央人民广播电台为黄老录制节目，并由中国京剧院与北京京剧院乐队联合伴奏。京胡由享有"京胡圣手"的燕守平演奏，二胡由中国戏曲学院音乐系教授张宝荣演奏，月琴由尚小云侄子尚长贵演奏。除此三大件外，其他配器人选均由燕守平物色，真可谓阵营强大。在录音过程中，黄蜚秋深厚的唱功，赢得了广泛好评。如《祭塔》唱腔，长达一小时之久，他一气呵成。有人说："八十高龄的人能有此嗓音，在梨园界是谓罕事。"当时张君秋比黄蜚秋小五岁已不能唱，过去老伶工只有陈德霖七十多岁仍能登台献艺，因此有人说："能与黄老相比的非陈老夫子莫属。"陈德霖嗓音清朗圆润、高亮娇脆、清越委婉，非常悦耳动听，直至晚年仍保持着优美的音色和充沛的气力。他一生收徒甚众，所以有"老夫子"的称号，王瑶卿、梅兰芳、王蕙芳、王琴侬、姚玉芙、姜妙香并称为其六大弟子，被人们称作"青衣泰斗"。能与陈德霖相提并论，是对黄蜚秋的高度评价，是对享有"江西梅兰芳""金嗓子"之称的黄蜚秋，在京剧界的崇高地位的肯定。

2000年10月23日，京剧艺术家黄蜚秋在北京逝世，享年八十三岁。斯人已逝，但是他对京剧艺术所做出的贡献，历史不会忘记；他创造的舞台形象，在唱、念、做、表、舞方面的精彩表现，会长久地留在人们的记忆中。若干年后，作为遗产保留下来的经典唱段，那高亢嘹亮、清越刚劲、腔圆气足、一丝不苟的唱功，仍然会让后来者激动不已。

（卢曙光）

罗坤化

罗坤化,字少云,号福朋,清道光二十五年(1845)出生,义宁州(今修水)漫江大里源人,平生专攻红茶制作,是宁红茶品牌的创始人。罗坤化病逝于清宣统元年(1909),享年六十五岁。

几年前,笔者与好友访问过罗坤化故里漫江,其嫡孙罗运云家存有黄燮阳为罗坤化像作的《题赞》。当时我拍了照片,待回家慢慢解读。前人所作的古文没有标点符号,我对它只是一知半解。当时我虽然做了断句,但还是不如人意,它就这样被置于抽屉好几年。一直到最近才敲定断句,我被黄燮阳先生的文辞所折服,更从这些字句中,对罗坤化有了更多的了解。在此,我凭现存资料和乡间传闻,从《像赞》入手,对其在中华茶叶发展史上的地位和作为乡贤的风范,做一番延伸解读。

这篇撰于1925年的《像赞》,经断句后,笔录于下:"志兮昂昂,禽中一鹗。量兮汪汪,鸡群一鹤。当其遭白眼、拂素心,亦仅胄相如之四壁,曾谁料季子之多金。而乃徒手逐贫,大才善贾,高谈陆羽经,不藉杨雄赋。于焉黄紫题标,英雄气吐,非幸也宜也。犹复修祖庙,设育婴,故乡之虹桥锁雨,到处而驿路开云。无义不举,见善必从。斯无怪福德备,灵秀钟。杨素比儿多是凤,商瞿晚子果为龙,非也亦宜也。余故曰:世胄平原应将丝绣,世胄陶朱无惭金铸,绘之丹青耐人思慕。"全文朗朗上口,音韵铿锵,造词清雅,用典自然,是难得的佳作。

从文中可知,罗坤化少年家境贫寒,并用司马相如家徒四壁的典故来形容。而其"徒手逐贫,大才善贾,高谈陆羽经,不藉杨雄赋",彰显罗坤化不甘贫穷,在其以后的人生中,舍读书之好,步入茶叶行业。文中提到的唐代陆羽,精于茶道,以世界第一部茶叶专著《茶经》闻名于世,被尊为"茶圣"。至今漫江有个传闻,罗坤化最先开始在郭敏生处学徒,后与一广东老板管焙茶。有一次,他与老板一同外出,隔河闻见烟味。他说焙烧了,老板不信,当即回去证实罗坤化判断无误,因此对他非常赏识,改雇佣为合伙,罗坤化从此发迹,称当伯乐的就是粤商郭佩堂。而"黄紫题标,英雄气吐",是说罗坤化因成就杰出被朝廷授五品同知衔,诰授奉政大夫一事。

接着写"修祖庙,设育婴,故乡之虹桥锁雨,到处而驿路开云。无义不举,见善必从",说的是罗坤化行善乡里,惠泽于民。举个例子,以前排坊下到大源里塘下河堤只有一米,有一次一个挑毛柴的与抬轿的相遇,因河堤太狭窄掉下河去。有人将此事告诉罗坤化,罗坤化知道后,就出钱将两边河堤各加宽一半,以利通行,全长约三里路程,总长六里,从此道路加宽,至今还在造福地方。"虹桥锁雨、驿路开云"之句,说的是罗坤化生意做大之后反哺社会,造福乡梓。从相关资料中发现,罗坤化事业辉煌之际,有人劝他置田产以贻子孙。罗坤化曰:"吾闻格言有云,积书遗子孙,子孙未必能读;积财遗子孙,子孙未必能守;不如积德以遗子孙,使子孙受福。吾只知佩服斯言耳。"是以他广行义举,修桥梁、铺道路、兴育婴堂、设义仓、办学校、建文峰塔,关乎公益者,无不慷慨解囊。

"杨素比儿多是凤,商瞿晚子果为龙",则用了两个典故,一是说罗坤化多行好事,将育婴堂的婴儿视为己出,复加捐助后辈,赢得满庭芝兰;二是其晚年得子,个个成材,这是善有善报的结果。以《像赞》作者黄燮阳为例,他原是一个做油漆的学徒,因家境寒微而辍学。有一次,他在罗坤化家做油漆时,罗坤化看见他茶箱绘画手艺非常好,觉得他是可造之才,就问他想不想读书。征得其家人同意后,罗坤化便供他上学,因此为大源里培养了一个秀才。像这样扶危济困、褒赏后学的例子并非个别。"世胄平原应将丝绣,世胄陶朱无惭金铸,绘之丹青耐人思慕"更是倾注了作者对罗坤化的敬仰之情,也表达了当时社会对罗坤化成就的肯定。

《像赞》是罗坤化去世后六年所写。在读到此文的同时,笔者又在一些资料中看到宣统元年(1909)罗坤化去世时的多幅挽联,择其中两副挽联以飨读者:

其一为义宁州学正李缉熙所挽:

精茶业制胜全球,忆货盖中华,价高天下,早有大俄太子,亲自褒嘉,后遂兴也勃然,使支那商战尽如公,安见富强无效果;

捐祠费欢联一本,喜香飘桂子,秀撷兰孙,因知列祖列宗,默为庇佑,今则溘而逝矣,愿再世灵魂生此地,庶几阀阅有荣光。

其二为州祠首事州庠生邦彦等所挽：

商战老英雄，正当振作精神，与欧亚竞争权利；

盖棺徵定论，允使主持茶业，为中华领袖公司。

  俄太子授匾八字，大多认为是"茶盖中华，价甲天下"，也有另一种议论，即"茶盖中华，价高天下"，仅一字之差，业内人士多有分歧。在采访茶学界宿老陈范一先生时，他持后一种观点，并有专文论述。对此笔者也认同，理由是，《罗公坤化家传》披露，自俄太子褒嘉之后，有"局面大开展，货价压六帮，连年战捷，获利不胜亿计"之语，证明宁红茶力压各大茶帮，执天下牛耳。"高"比"甲"，更契合"货价压六帮"句；第一幅挽联"货盖中华，价高天下"分句，也佐证了这一观点。第一联上联后二分句"使支那商战尽如公，安见富强无效果"之言，不排除有过誉之辞，但在晚清国力衰微之秋，罗氏之秀突，应是不争的事实。这也足以证明十九世纪后叶，由罗坤化执大蠹的宁红，在国际市场上货与价均占有霸主地位。

（卢曙光）

查阜西

查阜西(1895—1976),男,江西修水山口镇来苏村人,十三岁学弹古琴,后在长沙、苏州、上海等地从事琴学活动,二十世纪三十年代初在苏州发起组织"今虞琴社"(后迁上海),编印出版《今虞》琴刊,联络各地琴家,交流琴学琴艺。中华人民共和国成立前,查阜西曾在中国共产党的领导下,协助接管国民党上海航空公司,赴香港组织著名的"两航"(中国航空公司和中央航空公司)企业,为国家航空事业做出了重要贡献。中华人民共和国成立后,查阜西曾任中国民航总局业务处长、顾问,当选为第一、二、三届全国人大代表。1953年,查阜西任中国音乐家协会常务理事、中央音乐学院民族音乐研究所通讯研究员;1959年任中央音乐学院民族音乐系主任;1969年被选为中国音乐家协会副主席。1956年,查阜西率领由文化部和中国音乐家协会组织的古琴调查组,遍访全国十个城市,搜集、整理了大量琴学史料,后在北京古琴研究会的主持下,编印了《琴曲集成》(第一辑,上册,中华书局,1963)、《存见古琴曲谱辑览》(人民音乐出版社,1958)、《存见古琴指法谱字辑览》(1958)以及整理了《历代琴人传》(1965)、《幽兰研究实录》(1957)和《琴论缀新》(1963)等琴学书刊,为研究琴学奠定了基础。此外,查阜西在中国音乐协会工作中,为促进各种古乐研究,对《九宫大成南北词宫谱》《智化寺音乐》等音乐作品的演唱、演奏做了大量工作。其代表作品为主编的《琴曲集成》。

查阜西先生是一位历史上少有的全面的古琴艺术大家。他在古琴艺术研究、教学、创作、演奏以及组织领导古琴学术研究、艺术活动等方面都做出了令人景仰的贡献,而古琴演奏艺术则是这一切的基础及出发点。

在已故的当代古琴家中,人们公认的最有成就、最有影响的古琴家有三位:查阜西先生、吴景略先生、管平湖先生。这三位琴家体现着三种个性鲜明的不同艺术风格。查阜西先生的古琴演奏艺术居于文人琴中的艺术类,可以说他是一位文人古琴艺术家。他是以古琴的艺术性来体现文人的精神面貌、思想情趣的,也可以说是以文人的精神面貌、思想情趣来影响着古琴演奏的艺术性。他是一位充满热情的琴坛领袖,是一位具有传统文化修养的学者,是一位具有新思想和时代精神的文人。古琴音乐艺术是他自少年时代起的一种艺术爱好,也是渗透于生活中的文化修养,进而成为他终生的事业。在他数十年间的古琴艺术实践中形成的演奏风格,鲜明地体现着文人气质。他的古琴演奏具有一种悠然从容、疏朗真挚的精神,而不似其他艺术家的激昂奔放、浓厚强烈,或华丽、浪漫、深切、赤热。同时他的生活形态、思想方式,仍有着传统文人的气息。例如他对传统艺术的兴趣和品位,于国画收藏而随意,昆曲研习而严正,诗词写作而精到。他以摄影为乐而不涉足舞厅牌桌,以读书为乐而有灼见,甚至用毛笔写信著书。而在二十世纪五十年代,他还曾经因不将琴视为自己的职业而对参加演出产生排斥情绪。

查阜西还是一位有着革命理想、积极参与中国革命的先行者。他在砚台海军学校读书期间,大量阅读《新青年》《向导》等革命刊物,接受革命教育。他被同学推举为学潮总干事,赴上海向海军部提出改善学制的要求,后被学校开除。1920年,他考取北京大学,受到李大钊等革命前辈的关注。为了追求革命,他前往广州孙中山创办的航空学校学习。1922年,他应聘到长沙一中任教;1924年,经李亚农介绍参加中国共产党,曾任国共合作国民党长沙市党部秘书兼市商民部长,湖南省党部组织部秘书、部长。1927年,因反对许克祥发动的"马日事变",查阜西离开长沙到达武汉,被逮捕,经党组织营救出狱,到达上海,与党组织失去联系;同年十二月,他随第一军参加北伐。1930年,他先后任国民政府军政部航空署行务科长兼教育科长,欧亚航空公司秘书、主任秘书,并于1939年代理总经理职务;1941年,他任滇缅铁路专员、处长等职务;1943年,调任中央航空公司副总经理,其间,与共产党取得联系,接触党的外围组织,介绍上海地下党与国民政府海军及中央航空公司总经理陈卓林建立联系。1949年,查阜西奉中共华东局电召,协助接管国民党上海航空公司。1949年7月,他奉中共命令赴香港参与组织"两航"起义,为中国航空事业做出重要贡献。

查阜西先生于1976年8月10日在北京逝世,享年八十一岁。第四届全国人民代表大会、国务院、中央统战部、中国人民解放军空军、中国民航总局于同年9月4日为他举行了隆重的追悼大会。

晏继平

晏继平(1898—1995),字寄萍,白岭镇人,修水教育界知名人士。1922年,他在江西省立第一师范学校毕业,先在武宁宏毅小学任教,后任修水劝学所科员、县第一高等小学校长。1926年,晏继平赴日留学,先入东亚学校补习日语,1927年春考入东京高等师范,并兼任江西省留日学生经理处、监督处科员,1932年春升入东京文理科大学专攻教育心理学。1934年回国后,晏继平历任省立武宁师范教导主任、省教育厅三科代理科员;1937年与吴邦英创办省立第一行政区小学师资训练所,1939年任师训所主任;后兼任赣西北临时中学教导主任、省立奉新师范校长等职。1949年2月,晏继平加入农工民主党。新中国成立后,晏继平任修水县石风区石街小学校长;1951年2月任修水县联合中学(后改名修水中学)语文老师,此后,任修水初级中学语文老师和江西省修水中学高中语文老师;1958年兼修水大学教师;1959年8月担任第三届政协委员。1966年9月,晏继平下放上奉石街村劳动。1973年7月政策落实后,晏继平办理退休。1995年1月23日,晏继平在上奉住所无疾而终。

晏继平自幼聪颖好学,满腹经纶,精通教育理论和学校管理,工诗词书法,著有《寄庐诗草》,诗词作品入选《山谷二十家》《当代百家律诗选》,书法作品多次参加展出。他一生从事教育事业,秉承救国兴邦培养人才理念,在担任校长、教导主任近二十年的时间里,表现出较强的管理才能;执教中学语文二十多年,有深厚的语文教学功底,其治学作风严谨,为赣西北地区培养了大批师资,为修水教育事业做出了重要贡献。

黄 绮

  黄绮(1914—2005),号九一,祖籍修水,黄庭坚第三十二世孙,著名书法家。1940 年,黄绮毕业于西南联大中文系,留校工作,任清华大学文科研究所主任闻一多的助理。1942 年,黄绮考入北京大学研究院攻读古文字专业,1944—1980 年,先后在中法大学、津沽大学、天津师范大学、南开大学、河北大学任教。1988 年,黄绮调任河北省社会科学研究院一级教授,其后,兼任中国书法家协会副主席(二、三届)、河北省书法家协会主席、河北省文联名誉主席。1991 年,经国务院批准,黄绮享受国务院特殊津贴。1993 年,黄绮被评为河北省"优秀专家"。

  黄绮五岁开始临帖,真、行、草、隶、篆兼修,书法古朴苍劲、雄奇秀丽。他把书法作为社会科学理论来研究,提出练习书法要"守法、破法、立法"的理论,坚持在基层理论上创新。他为自己的行书取名为"三间屋",于篆隶之间、汉魏体之间、行草之间融群帖为一体,创造出具有独特风格的铁戟磨砂体,开创雄奇清丽之中国北派书风。

  黄绮爱好广泛,对诗词情有独钟,终身从事创作,是当代语言文字学家。他在绘画方面主攻山水写意画,尤以山水、梅花、杜鹃见长。其篆刻独运匠心,别有特色,有《黄绮书法集》《黄绮刻印集》《黄绮论书款跋》等多部专著出版。黄绮于 2005 年在河北石家庄病逝。

晏　清

　　晏清(1921—1997)，白岭镇大庄塅村人。晏清于1930年入西平小学读书，1935年考入省立陶瓷学校，1940年毕业；1941年担任萍乡瓷厂技术员、九江瓷厂技术股长；1950年在景德镇陶瓷学院任教，至退休。1958—1959年，晏清赴华南理工大学进修学习，回校后担任热能工程教研室主任、讲师、副教授、教授，是景德镇学院陶瓷热能工程学科带头人、轻工业部资深陶瓷窑炉专家。他曾参与中国与捷克斯洛伐克等国家陶瓷工程合作交流项目，亲自主持设计建造中国第一条煤烧隧道窑，窑炉一次点火成功，为景德镇出口外销瓷做出很大贡献。晏清先后受聘担任修水县和湖北通城县政府技术顾问，帮助两县陶瓷厂扭亏为盈，使陶瓷厂成为两县纳税大户，受轻工部表彰。1980年，修水瓷厂在晏清的指导下，成功生产四特酒专用酒瓶，1988年成功研制耐热瓷，并将专利转让给修水瓷厂。1990年，修水瓷厂开发高耐热瓷产品，1991年通过江西省科委验收。1993年，"康顺煲"高耐热瓷在修水瓷厂大批量生产，带来良好的经济效益。晏清是景德镇陶瓷学院主建和1976年复校的主要成员之一，曾兼任江西硅酸盐学会理事，发表科研论文十余篇，获江西科技进步二等奖一项，轻工业部、江西省科技进步三等奖两项，中国新产品开发金龙腾飞奖一项。1997年11月，晏清在景德镇病逝。

匡一点

匡一点(1924—2002),名俊元,号云阶,笔名梅子、听涛楼主,江西修水上衫鸭坑人。匡一点早年肄业于南京中央大学文学系,1950年参加工作,历任大桥仁义中学、义宁小学和修水中学教师,修水县文教局副局长,县文联主席,宁河戏剧团专业编剧,九江地区作家协会主席,出版社编辑组长,中华诗词学会会员,中国楹联学会会员,中国作协江西分会会员。退休后,匡一点任山谷诗社社长兼《山谷诗苑》主编。

匡一点曾发表过诗词、小说、散文、诗歌、剧作、楹联等作品两千余件,约三百万字,代表作有短篇小说《孤胆英雄》、中篇小说《赤手夺枪记》、诗剧《竹歌》等。他首倡组建山谷诗社,主编的刊物《山谷诗苑》,成为有影响的内部刊物。他的诗词创作传山谷遗风,出版诗词集《听涛楼吟草》,主编《中华当代绝句选》《当代百家律诗选》《中华当代五言律髓》等,在文坛有一定的影响,获海内外业内人士好评。江西南昌滕王阁、修水黄庭坚纪念馆均刻有其撰写的固定性楹联,其生平事迹已收入《中国当代诗人传略(第一集)》《当代对联艺术家辞典》和《世界名人录·中国卷》。

余昌徐

余昌徐,男,1940年2月出生于四川省万县,祖籍修水县马坳镇白土村。1961年7月,余昌徐毕业于江西师范大学中文系,先后在修水师范、太阳升中学和修水一中等学校任教四十三年,修水县第七届副主席、第九届至十一届县人大常委会副主任。

余昌徐长期致力于中学语文电化教学试验和班主任工作,摸索出使用电教手段的"准、活、美"三字经验,引进音乐、美术、影视等教学手段推行学校美育教育,其电教课《绿》获省优质课一等奖,在中国教育电视台连续播放。余昌徐应邀为省中语会讲授高三语文示范课,为全国中语会庐山年会讲授示范课《祝福》。1985年,他被评为江西省优秀教师,1989年被评为全国教育系统劳动模范,1991年被评为江西省特级教师,享受省政府特殊津贴,1993年被评为全国优秀语文教师,当选为全国语文课堂教学研究中心学术委员,九江市中语会副理事长、顾问。

余昌徐业余坚持艺术教育和舞蹈创作,为中国舞蹈家协会会员,在修水群众文艺活动中多次组织编排节目,参加各级文艺表演。其中,《红公鸡》《储蓄罐》获全国少儿歌舞创作、演出奖,舞蹈《秧豆》获江西省政府文艺作品奖和第二届中国艺术节优秀创作奖、节目奖,《耘起来》获全国群星奖,《染花裙》在全国十六个城市工人艺术节上获创作奖。余昌徐历任江西省第五届政协委员、省总工会委员,九江市台联、侨联、文联委员,修水县文联副主席、名誉主席。2002年,余昌徐组建山谷票友社并任社长,2005年组建黄庭坚书画院并任院长,被文化部中国传统文化促进会授予"振兴京剧德艺双馨功勋奖"。江西电视台曾为他拍摄专题片《眷恋》,中央电视台新闻节目以"余昌徐的赤子之心"为题报道他的先进事迹。

余昌徐广泛联系港澳台同胞、海外侨胞和侨眷台属,加强侨联、台联组织建设,积极进行侨台界招商引资,努力宣传党的外交政策、对台方针,创办《乡音》侨报,带头解决困难归侨侨眷台属的困难,1989年被评为江西省归侨侨眷先进个人,1999年荣获全国归侨侨眷先进个人称号。

陈天霓

陈天霓,1934年出生于义宁镇,江西师范大学生物系毕业,历任修水茶厂技术员、江西省共产主义劳动大学修水县小斗岭分校教师、茶牧科副主任、九江师范学校修水分校理化教员兼办公室主任、修水茶科所所长、县政协副处级调研员、江西茶叶开发公司总工程师、九江市政府智囊团成员、九江市第八届人大代表、江西省第八次党代会代表、中国茶叶学会理事、江西省茶叶协会首届顾问等。陈天霓先后获省(部)级优秀科技成果二等奖和三等奖,1990年被省政府授予有突出贡献的优秀专家,被省委授予技术明星称号。1991年,陈天霓获国务院特殊津贴。

幸春舫

　　幸春舫，1915年出生于义宁镇，青年时期掌握纺织机械、电力、无线电等多项应用技术。1940年，幸春舫研制沼气照明，被誉为"江南一盏灯"。1944年，他创建宾琴米厂，这是修水机械加工大米的首家企业。1954年，幸春舫发明谷壳煤气发生炉，给内燃机提供燃料。经当时的县米厂应用后，他的煤气发生炉在全省粮食系统推广。1956年，幸春舫参与发电厂建设，应用活塞销加工渗碳工艺，试制修水第一台发电机、电动机。1964年，幸春舫参与自来水厂建设，发明打井沉圈作业法。1992年，他参与完成水泥厂立窑改造设计，是修水知名的发明人士。幸春舫为修水县第六届政协常委，第六、七届人大代表。

胡菊莲

胡菊莲(1947—1994),修水县渣津镇人,中国戏剧家协会会员、江西省戏剧家协会会员,国家三级演员。胡菊莲十一岁入修水县宁河戏剧团学艺,攻青衣花旦兼工小生,先后在宁河戏百余出上演剧目中担任主角,出演传统曲目中的王宝钏、穆桂英、阎惜姣、钟无盐、杨玉环、白素贞、华山圣母等角色,担任新编历史剧中的岳夫人、黄允、周明月(小生)角色,在革命现代戏中,出演过江水英、阿庆嫂、韩英等,是宁河戏剧团青年演员中的头牌演员,多次在省、市会演中获奖,受到专家、学者好评。

胡菊莲文化水平仅有初小程度,能够成长为宁河戏剧团的台柱,不仅因为她有良好的天赋,还因为她勤奋好学、敬业乐群,为年轻人成长树立了榜样。

朱正平

朱正平(1922—),水源乡人,革命烈士的后代。1928年至1932年,朱正平在家乡读书,1934年其父牺牲后随母亲到外地逃难,后回家帮人打长工为生。新中国成立后,朱正平曾任大桥区委书记、大桥区公所所长、黄沙港垦殖场党委书记、县农林垦殖局局长、渣津区工委副书记、宁州公社党委书记、江西省共产主义劳动大学修水县小斗岭分校党支部书记等。1972至1980年,朱正平先后担任县税务局局长、邮电局局长、县茶叶试验站站长、修水茶厂党委书记等职务。

朱正平热爱写作,早年创作诗歌、散文一百多篇,1958年在《星火》杂志发表《贤惠大嫂》《整社前后》《谁敢拆我们的路》等短篇小说,1960年加入中国作家协会江西分会。1980年退休后,朱正平专注从事党史研究,先后在中央、省市党史研究刊物发表研究党史、军史、湘鄂赣革命根据地史及党史人物传等文章数十余篇,为修水党史研究发挥了积极作用。他撰写的《红十六军曾编第八师》发表于《军史资料》第三期,填补了军史研究上的空白。2003年,朱正平著有作品集《风雨集》,2005年出版回忆录《吊根草》。

陈靖华

陈靖华(1924—),又名锡汉,上杭乡人,无党派人士,知名文博专家。陈靖华1949年毕业于杭州青年高中部,同年4月参加浙江嘉兴反蒋起义,随后参加浙江金萧支队杭州联络站党的地下工作,6月在杭州军事管制委员会文教部学习,9月被分配到东乡县委工作。1950年4月,陈靖华回到修水,曾任杭口小学教师,后从事文博图书工作,参与修水图书馆和黄庭坚纪念馆筹建工作,参加山背文化遗址的发掘考证,主纂《修水县文物志》,整理修水古籍善本,将修水图书馆藏《列朝诗集》《黄氏金字谱版》《清朝锡美堂刻本》等收录入《中国古籍善本书目》,另有《百家类纂》入选第二批《国家珍贵古籍名录》。陈靖华对修水历史有深入研究,尤其热心于黄庭坚研究,在《九江师专学报》等学术刊物发表《范信中其人》《黄庭坚名、字、别号小议》等五篇有学术价值的研黄论文。陈靖华系县政协第三至第八届委员。

徐光华

徐光华，1892年生于渣津镇东堰圳下屋，1923年参与党的外围组织活动，1926年加入中国共产党，1927年2月下旬出席江西省第一次工人代表大会，当选总工会候补执行委员，回家组建工农自卫队，与国民党反动武装坚决斗争。1929年5月，徐光华被捕，英勇就义。

徐光华家境贫苦，除三间旧房外，别无产业，自幼随父亲在县城做木工。1923年，革命青年丁健亚回修水宣传革命，经常以徐光华家为据点，让徐光华接触到革命思想，并在县城手工业者中宣传革命。

1926年，徐光华加入中国共产党，7月，在省委特派员胡思先的主持下，同甘特吾、王希圣、樊庆隆、张赤子等在修水县城青云门城楼上召开秘密会议，建立了中国共产党修水第一个支部。革命火种熊熊燃烧，徐光华发挥了出色的组织能力，8月，组织店员成立第一个工会小组，接着先后成立泥工工人、搬运工人、缝纫工人等工会小组。

1926年8月，国民革命军第六军程潜部取道修水攻南昌，徐光华组织工人纠察队送情报、运弹药、抬担架，维持地方治安。9月，北伐军逼近修水，与军阀残部赵国荫旅苦战数昼夜，徐光华积极配合。待敌参部龟缩县城一角时，徐光华潜入城内，组织工人做内应，打开城西小门，取得全歼敌人的战绩。

县城光复后，成立了以共产党员为主要负责人的国共合作的修水县国民党党部，徐光华当选劳工部长。9月中旬，修水县总工会成立，徐光华当选县总工会会长。

徐光华革命意志坚定，斗争艺术高超。1926年冬，修水西摆十二家茶庄店员、工人向茶庄资本家提出改善劳动条件、减少工时、增加工资的要求，茶庄资本家以停工、停业、解雇等手段要挟复工。关键时候，徐光华深入茶庄指导工人罢工，并选出代表与茶庄资本家开展有理有利有节的谈判。最后，县总工会出面调停，罢工取得全面胜利。这鼓舞了手工业工会、漫江茶庄工人等开展罢工，并取得胜利。在关注工会运动的同时,徐光华没有放松对农民运动的组织引导。1927年,他回到家乡,联合几个革命积极分子,以玩船灯为名,走村串户地宣传革命,号召农民推翻地主统治。一经发动的农民焕发出巨大的革命热情,不久,团结起来的农民赶走了横行乡里、欺压百姓的恶霸地主徐绅垂、徐士俊等。

国民党发动"四一二"反革命政变后,修水的反革命势力策划"六七"惨案,国共合作被破坏。徐光华在革命低潮时,没有丧失信心,而是越挫越勇。为了筹集革命经费,他仅留下身上的衣服,把被子、家具等一并卖掉,同时,忍痛劝妻子离开自己。大家知道他们夫妻感情非常好,纷纷劝徐光华不要休了妻子。他说:"家贫如洗,苦日子难熬,让她离去吧。我没有牵挂一身轻,轻装上阵好革命。"终于,他孑然一身返回家乡,发动群众革命,很快组建了一支以手工业工人和贫雇农为主体的三十多人的自卫队,打土豪,铲劣绅。在程坊活捉土豪方某之后,他与遭遇的国民党军战斗,打伤敌连长1名,缴获步枪2支,名声大噪。

1919年5月,徐光华在台庄被捕,经受住敌人残酷的折磨,始终没有提供敌人需要的信息。丧心病狂的敌人,用大刀砍下徐光华的头颅,剖开他的胸脯。徐光华同志壮烈牺牲。

丁健亚

丁健亚,又名丁潜,别名丁来泉、丁笑明,1900年生于修水县路口乡。1916年,丁健亚考取江西省立第一师范学校,结识江西"马克思学说研究会"发起人袁玉冰等人;1923年年末,加入中国社会主义青年团江西支部;1924年加入中国共产党,被派苏联莫斯科学习。1925年10月回国,丁健亚任江西第六届团地委书记;同年11月,兼任中共南昌特支书记;12月,当选江西省国民党第一次全省代表大会执监委员。1926年4月,为配合北伐军北伐,丁健亚调任九江团地委书记,成功筹划孙传芳部"江永轮"爆炸案,有力策应北伐军行动。1927年"四一二"政变后,丁健亚以省农民运动特派员身份回修水组织农民运动,组织了三大曹家,极大地鼓舞了农民斗志。1929年9月2日,丁健亚因病去世,年仅二十九岁。

丁健亚是一个理论水平高、文武兼备的领导干部。在国共合作期间,江西省国民党第一次代表大会举行,丁健亚与其他同志通过高超的政治斗争艺术,使共产党员和共青团员在省代会中各占十二席,确保主要领导权掌握在共产党人手中。为此,同年12月2日,丁健亚在给团中央的报告中说:"查此间民校现时完全在我们指导下,除三四个分部没有我们同志外,余均在我们手里。"

丁健亚火烧"江永轮"生动说明了他有勇有谋。其时,北洋军阀孙传芳把持九江,实行白色恐怖统治,残酷镇压革命。为配合北伐军,丁健亚和党组织派往九江协助工作的南昌地委组织部主任冯任,经常冒着生命危险化装成工人、学生深入码头、铁路、工厂、学校开展活动。当了解到孙传芳征用的"江永轮"将运载大批士兵和军需品到九江时,丁健亚抓住机会,积极在码头水警和"江永轮"船员中开展工作,协助国民革命军先遣队员汪杨、刘子和等五人化装成"茶役"潜入轮中。待船抵九江,泊于江心时,汪杨等首先破坏船上太平水管,再将火油和易燃品埋入军服中点燃,但见烈火熊熊,爆炸声震天,船上的士兵不是被烧死、炸死就是被淹死,而汪杨等五人早趁混乱跳入江中,被船接应安全撤退。经此一役,孙传芳军队元气大伤,在北伐军进攻时土崩瓦解,逃离九江。

面对国民党反动派的残酷镇压,1927年5月,农民运动特派员丁健亚依靠修水党团组织领导农民坚决斗争。他在路口、白岭、全丰一带重建了农会,7月23日,指导中共修水支部干事会在马坳北山甘特吾住所召开紧急会议,传达上级党组织深入农村开展革命斗争的精神,决定将修水党的工作重心转入农村,确定以群众基础较好的仁、西两乡为党的重点工作区域。会后,丁健亚制订了"利用西乡曹、余两姓宗族矛盾,暴动打倒独霸一方的曹家土豪劣绅,变曹余两姓宗族斗争为全西乡的阶级斗争"的农运工作方针,不久,即发动西乡农民两次攻打曹家。第二次攻打曹家胜利后,中共修水临时县委在沙坪满觉寺召开庆祝杨祠暴动委员会成立大会,中共湘鄂赣边特委派沈国珍、刘永康到暴委会指导工作。暴委会成立后,又成立铁铸局,制造土枪土炮、梭镖、马刀等武器,积极为武装斗争做准备。积极的形势鼓舞了农民的斗志,农会会员由六百多人发展到一千余人。在丁健亚、余经邦等的领导下,暴委会先后打倒了沙坪、全丰一带的土豪劣绅。

余经邦

　　余经邦,1906年生于修水全丰一个农民家庭,1923年以优异成绩考入江西省立第六师范学校,接受新文化、新思想,1926年加入中国共产党,被党组织派遣回家乡从事革命工作,任共产主义青年团修水支部书记,积极配合北伐军作战,后参加北伐军,任六军九师政治部中尉副官,随师北伐。"四一二"反革命政变发生后,余经邦离开北伐军潜回修水。在修水"六七"惨案发生后,余经邦执行全省党代会和农代会决定,在马坳北山召开紧急会议,决定将党的工作重心转入农村,并组建修水县农民自卫军,余经邦任党代表。之后,余经邦组织二打曹家,第二次农民自卫军在国民革命军的支持下,曹家封建堡垒被攻破。根据党的指示,余经邦率领农民自卫军一百余人编入中国工农革命军第一军第一师第一团,参加了秋收起义,上了井冈山。1928年初,党组织派余经邦回修水开展农民运动,根据县委决定,组织杨祠暴动,余经邦任暴委会主任。杨祠暴动打倒了土豪曹寿功、戴家林等,声势浩大。1928年冬,余经邦被派往崇阳工作,至1929年初,发展党员五十余人,建立中共崇阳县特别支部,属中共修水县委领导。1929年春,余经邦奉命打入国民党军内部从事策反工作,他毁容闹革命,取得成绩。1929年秋,余经邦策动兵变失败,英勇就义。

　　余经邦是修水革命的先行者,对革命有着坚定的信念。余经邦发动杨祠暴动成功后,大地主曹庆丰、曹礼成惶惶不可终日,串通余经邦的舅舅胡少庵,让他携带八百块银圆去见余经邦。余经邦见到舅舅,问他有什么事。胡少庵说:"经邦,我们甥舅多时不见,舅舅就想来看看你。"接着说,"经邦,看在舅舅的面上,你听舅舅几句劝行不?"余经邦警觉地问:"你想说什么?"胡少庵摆出长辈模样说:"经邦,你年轻,又有学问,不要跟共产党搞什么暴动、革命,你要为自己想想,也要为你家里想想。"余经邦沉默不语,胡少庵以为他心动,诡秘地说:"我来时,曹家大财主庆丰给我八百块银圆,叫我送给你,一来可以解决家用,二来你可以继续读书,光宗耀祖。"余经邦明白了舅舅的来意,斩钉截铁地说:"我余经邦信的是共产主义,共产党我跟定了。曹庆丰那几个臭钱谁稀罕?要我放弃攻打曹家,办不到!"当即,余经邦召开群众大会,揭露敌人的阴谋。会后,革命群众让胡少庵戴高帽子游行,接受批斗,教育了群众,鼓舞了斗志。

  余经邦有着铁一般的意志,坚决服从党组织决定。他在省立师范就学时,学业未满,便接受党组织决定回家从事农运工作。秋收起义胜利后,他率队上了井冈山,接受组织决定回修水搞革命。他凭着过人胆识、聪明才智,组建崇阳特别支部,接到潜伏国民党军队从事军运的任务。考虑到自己可是"名人",认识自己的人多,"为革命自己丢掉性命事小,没有完成党的任务,将是莫大损失",他下定决心,忍着剧痛,蘸着硫酸溶液点在自己英俊的脸上,不久,一张满是麻斑的脸叫他自己都感到陌生。正是因为有这种为了革命牺牲自己的一切的精神,余经邦的青春才永远焕发着光彩。2017年纪念秋收起义九十周年,修水县委、县政府联合江西省京剧团,创作上演了大型革命题材京剧《秋风起——余经邦的革命记忆》,产生了巨大影响,他的英雄主义气概将长留人间。

王铁猛

　　王铁猛,1900年生于修水县水源乡,1921年就读于县立高小,后毕业于县立中学;因受新思想教育,报考黄埔军校,不久,被学校党组织吸收入党;毕业后,被分配在国民革命军总政治部任宣传员;1926年随军北伐,成绩突出,受到总政治部副主任郭沫若表扬,升宣传队支队长。"四一二"反革命政变后,王铁猛被党组织安排回修水。他很快与修水党组织取得联系,积极参加革命斗争。1928年春,王铁猛执行修水临时县委命令,在水源街口开设小商品店作为交通站,与湖南平江、湖北通城等地的党组织取得联系;5月,王铁猛组织游击武装狠狠打击敌吴抚夷部;7月,配合红五军攻打修水县城。1929年1月,修水县暴动委员会成立,王铁猛担任委员,兼任游击大队党代表,之后带领游击队全歼朱溪保卫团;9月,王铁猛奉组织命令到洪湖地区寻找党组织,后染病,于1930年1月10日在家中病逝。

　　王铁猛具有卓越的军事指挥才能,数次以少胜多、以弱胜强。

　　杨祠暴动失败后,吴抚夷部趾高气扬、不可一世,扬言肃清"匪患",带兵到朱溪厂搜寻共产党人。县长吴九成也随行鼓劲。王铁猛到台庄向县委书记甘特吾汇报,县委研究决定,请平江游击队配合本土游击武装,一举全歼敌匪。王铁猛到平江汤塅找到平江游击队副大队长钟彪,递交了修水县委的文件,详细说明来意。钟彪决定采取远程奔袭战术,支持修水游击队打击吴抚夷武装。王铁猛回修水后,迅速挑选向导,集结两百多名精干的梭镖队员,以配合平江游击队。最终,两县游击队员在修平交界的三溪坳集合,决定一路袭击靖卫大队部,一路袭击敌军排哨,一路攻击朱溪厂敌军。王铁猛建议,埋伏一支部队在七里山山上,以堵截逃回县城的溃散敌人,钟彪连声称赞。

　　翌日凌晨,游击队首先歼灭了设在马鞍山上的敌军排哨,随即向朱溪厂和岭下屋的敌人进攻。听到枪响的吴抚夷以为是地方游击队骚扰,不以为意。直到四方响起枪声,他和吴九成才带着亲信逃窜,一进入七里山,又被埋伏的游击队员迎头痛击,只好丢下枪支逃命,副大队长被击毙。这一仗共打死打伤敌人一百三十余人,缴枪一百五十余支,极大地打击了敌人的嚣张气焰。

吴天骥

吴天骥,原名余垂成,1903年出生于修水县全丰乡一个农民家庭。1920年,吴天骥考入江西省立第一师范学校,1925年加入中国社会主义青年团,1926年加入中国共产党,同年8月回修水开展党的活动。1928年,吴天骥组建20余人枪的修武铜工农革命军游击队,配合红五军打下曹家封建堡垒。1929年1月,修水县暴动委员会成立,吴天骥当选暴委会主任。1930年春,吴天骥等人组织了声势浩大的"三一八"武装大示威;5月16日组织红色五月大暴动,配合红五军攻下修水县城;同年6月26日,修水县第一次工农兵代表大会举行,吴天骥当选县苏文化委员会主席;7月,吴天骥组织赤卫队配合红三军团攻打长沙,取得胜利,被湖南省苏维埃政府通报嘉奖,后担任新组建的红十六军政治部主任。1931年3月,中共湘鄂赣特区委员会在修水上衫成立,吴天骥调任湘鄂赣肃反委员会主任。1932年3月,因"左"倾路线影响,吴天骥被解除职务,调湘鄂赣省苏机关报《战斗报》做编辑。1933年10月,吴天骥牺牲。

吴天骥同志是修水早期武装重要斗争的组织者、战斗员。面对错综复杂的斗争形势,他提出"建立一支工农革命军游击队,与平江东乡的革命势力相联系,创造湘赣边界武装割据新局面"的建议,为修水革命工作打开局面指明了方向,此建议被中共临时县委采纳。游击队成立后,不断打击根据地周边的反对势力,逐步扩大赤色区域。1929年2月9日,他率领游击队奇袭郑淑度民团,打死敌人八十三人,缴获武器一百余件;接着,痛歼朱溪吴六波民团,活捉匪首吴六波,缴枪十三支,极大地震慑了敌人,扩大了工农革命军的影响。由他策划、组织的"三一八"武装大示威、有八万武装农民参加的红五月大暴动,更是威震敌胆。第一次反"围剿"时,面对从四面合围修水苏区的数十万敌人,吴天骥冷静应对,向军首长建议"跳出包围圈,转到外线寻机歼敌",建议被采纳,一部插入平江,牵制敌人;一部挥师北向,跳出敌人包围圈,很快攻克通城县城,取得了胜利。吴天骥为红色根据地的建立和巩固做出了重要贡献。

吴天骥政治理论水平高，作风务实，工作能力强。他担任红十六军政治部主任时，该军刚刚组建，政治工作处于初创时期。他一到任，即召开第一次部务会议，提出政治工作的基本任务是：健全党的组织，发挥党在连队中的作用，正确执行党的干部政策和发挥干部的聪明才智，深入进行政治思想教育，使干部战士下定为伟大理想奋斗到底的决心。他不断建立政治工作制度，健全政治工作体系。在领导方式和工作方法上，他要求政治部从上到下地进行集中指导，以保证这种工作方针与路线一致。他强调政治工作的重心在连上，战时政治工作要注意按照实际情况进行指导。会后，他制定了《红十六军政治工作大纲》，规定政治部的工作方针是"军事与政治工作打成一片"。根据吴天骥的工作方针和工作要求，政治部制定了切实可行的政治课课目，为红十六军政治工作的开展奠定坚实的基础。在吴天骥和同事们的努力下，红十六军政治部不但成为全军政治工作的领导机关，而且成为我军优秀指挥人员和政治工作人员的培养基地，许多优秀的战士从这里起步，走上领导岗位。吴天骥担任湘鄂赣肃反委员会主任时，一方面以事实为依据，查清革命队伍中隐藏的反动力量，粉碎了铜鼓苏区中一个"铲共青年团"；另一方面，他时刻警惕"左"倾路线的影响，不误抓错杀一个，深得同志们信任。

陈秋光

陈秋光

陈秋光，1905年出生于东港靖林一个佃农家庭，1922年秋考入南昌政法学校，因不满校长和官吏、董事勾结坑害穷人，在学校大门上书写"冬风主事"愤然离校。1923年，陈秋光考入九江第六师范，接触进步思想；1926年上半年加入中国共产党。1927年2月，他被中共修水支部选送至中央农讲所学习；6月下旬，返回南昌，被江西省党部派往瑞昌从事农运工作；7月末，陈秋光返回修水，组织下衫暴动，举办农会，发展党员。1927年冬，中共修水临时县委成立，陈秋光当选组织部部长。1928年，陈秋光奉县委令，到县城开展秘密工作，为红五军进入修城献计出力，立下战功。1930年，陈秋光调中共湘鄂赣边境特委工作，在6月召开的湘鄂赣边境党的第一次代表大会上，当选中共湘鄂赣边境特委常委、组织部部长，为红三军团打下长沙做出贡献。同年9月，中共湘鄂赣边境特委撤销，中共湘北特委成立，陈秋光任特委宣传部长。1931年4月，陈秋光接任中共湘北特委书记。7月，中共湘鄂赣省委成立，中共湘北特委撤销，陈秋光调省委宣传部工作。1934年1月25日，在敌进攻中牺牲。

陈秋光同志理论水平高，组织能力强。无论是在基层，还是跨区域工作，他都重视组织建设，发挥党员干部和基层组织的作用。他担任中共湘鄂赣边境特委常委、组织部部长期间，红三军团前委和中共湘赣边境特委做出"实行边境地区二次暴动"的决定。陈秋光深入基层，夙兴夜寐，发挥高超的组织能力，短短四天，动员了平、浏、修、铜四县十万余赤卫军、救护队、运输队、工人纠察队和数十万工农群众参加战斗。仗打到哪里，后勤保障就服务到哪里，为红三军团顺利攻下长沙做出重要贡献。

陈秋光非常重视干部培养工作，在中共湘北特委工作期间，他深入基层调研党员和干部现状，建议立即举办党团骨干学习班，以提高干部政治水平和工作能力。特委指派陈秋光主持学习班工作。不久，在湘阴兰家坳枫树坪，学习班顺利举办。陈秋光结合当前斗争实践，深入浅出地讲解党的政策，提出工作建议，使参加学习的八十余名党团骨干深受启发，为开展工作打下坚实的基础。他还发挥报刊教育人、鼓舞人的作用，创办《暴动》《继布尔什维克之路》两种油印刊物，亲自为刊物撰稿、编辑文章、刻钢板等，用通俗的语言宣传深刻的道理，用犀利的笔锋揭露敌人的残暴行径和敌人必将灭亡的规律，教育了人民，打击了敌人。

　　陈秋光有着坚定的革命信念。他是乡民眼中有大学问的"秀才"，与人民心连心、共命运，为此他把自己的名字改为"留泥"。他对敌坚决，疾恶如仇，当听到同窗好友王梦羲投敌叛变后，陈秋光写信痛斥，"尔背信弃义，临危变节，求一人之荣，遭众人之耻，诚劣种败类也！"并告诫王梦羲，"若无醒悟之期"，将与他"上不共戴天，下不与立地"——彻底决裂。而对待党，他则忠心耿耿。1933年，陈秋光受肃反扩大化影响，与爱人一起被投入监狱。他毫无怨言，对探监同志说："你们放心，我的事，党和人民终究是要为我澄清的。回去后，请安慰我的父母，叫他们不要惦念，我早已献身于党、献身于革命了。前几年我就说过，大事当谋，生死付与慷慨。遗憾的是，对父母没有尽到人子的孝道。"他表现了一个共产党员的赤胆忠心。

甘特吾

甘 特 吾

甘特吾,1899年出生于修水马坳,江西省立第一师范学校求学时加入共青团组织,积极投身革命,1926年春加入中国共产党,7月中共修水县支部干事会成立时,当选支部组织干事。这年冬,省委派来的人离修后,甘特吾任中共修水县支部干事会书记。国共合作期间,他任县党部常务委员。1927年"四一二"反革命政变发生后,甘特吾坚决执行党的武装斗争决定,8月16日发动下衫暴动,接着发动数千农民配合秋收起义部队,攻下全丰曹家庄园。中共修水临时县委和县委成立后,甘特吾因表现突出均当选书记。1929年4月,他被调中共湘鄂赣边境特委,在临湘做地下工作。1930年后,甘特吾担任赣北特委委员、赣北分区委宣传部部长以及湘赣边暴委委员等职,配合红军主攻长沙。1934年6月,甘特吾被捕,同年7月23日牺牲,享年三十五岁。

甘特吾富有组织能力。他在江西省立第一师范学校读书时,南昌一大商号运进大批日货意图谋利,但又怕青年学生抵制日货的运动。于是,商号老板贿赂伪参议会,串通督军蔡成勋以武力包围学校。甘特吾面对强敌慷慨陈词,并化装逃出学校到其他学校联络学生,发动罢课,最终取得胜利。他在修水第一高小任教期间,经常到工农中去做社会调查,激发群众的斗争意识。修水第一高小大力吸收工农子弟上学,提倡新文化,反对奴化教育,成为修水新型学校典范。

甘特吾军事才能突出,1930年7月,中共湘赣边界特委为配合红三军团攻打长沙,部署边境各县发动武装暴动,并指示"修水务即速夺取县政权"。甘特吾火速行动,组织力量,于8月初率领游击大队和赤卫队员五千余人,袭击溪口民团,牵制敌人力量。在其他战斗中,甘特吾多次取得胜利。

甘特吾对革命无比坚贞。因为他斗争有勇有谋,敌人又怕又恨,扬言对他家斩尽杀绝、抢光烧光。他的父母、妻子被迫逃亡在外,父母因贫病交加死在异乡。甘特吾的妻子写信报丧,他忍着悲痛勉励妻子"不畏敌人凶,怕死不革命"。被捕入狱后,他鼓励难友"如果谁还活着,谁就要将革命进行到底!"表现了一个共产党人的铮铮铁骨。

朱　赤

朱赤(1903—1937),字新民,江西省修水县人。朱赤勤奋好学,感于国家衰败,遂立志投身军旅,救国救民。1925 年,朱赤听闻国民政府建立北伐军准备北伐,乃只身前往广州,考入黄埔陆军军官学校第三期步兵科学习。军校毕业后,朱赤随军参加北伐战争,颇有建树。抗日战争爆发后,他率部与敌作战。1937 年 8 月,任陆军第八十八师少将旅长的朱赤,参加淞沪会战,阻敌进攻。1937 年 12 月,于保卫国民政府首都南京的战斗中,朱赤与全体官兵壮烈牺牲,以身殉职,时年三十四岁。

早年立志投军旅。1925 年,孙中山先生在广州建立国民政府,准备北伐,打倒帝国主义势力和北洋军阀政府。朱赤听闻此消息,激动万分,乃只身离家,历尽辛苦来到广州,考入了黄埔陆军军官学校第三期步兵科学习。在军校学习受训期间,他刻苦训练,努力学习,加之他沉默寡言的个性,行为端正,办事沉稳老练,颇有儒家风度,很受校方赏识。

北伐战争建功勋。军校毕业第二年,朱赤随军参加北伐战争,投身革命洪流,在国民革命军中担任见习军官。他随部队进攻湖南平江,转战江西九江、南昌等地。他作战勇敢,战功卓著,颇有建树,升任排长、连长等职。

淞沪战场显神威。1932 年 1 月 28 日,日军发动对上海的进攻,驻防淞沪一带的第十九路军奋起抵抗。为支援第十九路军的抗战,朱赤所在的八十八师于 2 月中旬奉命赴沪增援。2 月 15 日,朱赤随部抵达上海南翔车站,次日,进入江湾、庙行及蕴藻滨一带阵地。2 月 20 日,日军大举进攻庙行、江湾一带,飞机在空中狂轰滥炸,日海军则以舰炮向阵地射击。朱赤和他的战友们同日军展开血战。苦战两昼夜,日军伤亡惨重,被迫停止攻击。庙行一役,是上海抗战中打得非常漂亮的一仗,也是日军在上海的第一次大惨败。南京统帅部在贺电中说:"自二十二日庙行一役,我国我军声誉在国际上顿增十倍,连日各国舆论莫不称我国精勇无敌,而倭寇军誉则一落千丈。"此后,朱赤等在江湾一带继续抗击日军,直到三月初,上海休战协定签订,才奉令撤退。不久,朱赤因功升任营长。

1937年全面抗战爆发后,朱赤时任第八十八师二六二旅团长。他听闻消息,发誓要以生命报效国家,同时加紧训练部队,经常对将士们进行爱国主义教育,以激发官兵们的爱国热情,并且屡次请战效命。

1937年8月上旬,日军在上海制造事端,蓄意挑起战争。第八十八师是当时中国陆军的精锐主力,奉命开赴上海,准备应战。这时,朱赤升任二六二旅少将旅长。8月12日,朱赤率部向上海开进,于次日到达真如待命。到达防守区后,朱赤发现有的士兵上街看热闹,有轻敌思想,立即召开团营军官会议,命令全体官兵:一、坚守战斗岗位,不许上街;二、熟悉了解地形,掌握日军动态;三、推迟两小时吃晚饭,抢修加固防守工事。此时,日军加紧向上海集结兵力,战事一触即发。朱赤奉命率二六二旅迅速向闸北推进,占领北火车站、八字桥、江湾一线。

八字桥是两次淞沪战役的引火点,战略位置十分重要。1937年8月13日,会战正式展开,朱赤率部在八字桥等地首战日军,15日,向日海军司令部发起猛攻,在二六四旅的协同下,终于占领日海军司令部。

8月下旬,日军增援部队陆续抵达上海,凭借装备精良、训练有素、人数众多的优势,很快占领了罗店、吴淞等地。二六二旅被迫由进攻转入防御,退至苏州河岸和江湾之间,以闸北为轴心阵地,构筑街市防御体系。日军多次进攻闸北阵地,均遭失败。

淞沪会战是抗战初期最残酷的战役之一,双方几十万大军聚集在狭小的地区拼死争斗,反复争夺。朱赤将军和广大抗战将士们,冒着敌人猛烈的攻击,多次打退了敌军的进攻,鼓舞了全国抗战军民的信心,同时也赢得了国际舆论对中国的支持,成功粉碎了日军妄图"二十四小时内占领上海"的狂妄野心。到了11月初,我军伤亡过大,为抗战大局计,我军撤出上海一线,淞沪会战失利。

南京捐躯传千古。11月初,日军在杭州湾登陆,进攻上海中国守军侧背,形成包围之势,朱赤奉命率部撤退,向吴福线和锡澄线既设防御阵地转进。由于既设阵地上没有留守部队,也没有向导人员,军队进入时无法疏散,乱作一团。二六二旅立足未稳,日军追踪而来,迅速突破既设阵地。朱赤率部退往南京,参加南京保卫战。

敌军步步进逼南京,形势危急。南京为当时的国民政府首都,地理位置重要,更有重要的象征意义,不容有失。日军亦知南京的重要意义,势必拿下南京,逼迫国民政府屈服。军事当局决定在南京与敌血战到底,以鼓舞全国军民的士气。

南京卫戍司令长官唐生智令八十八师担任腹廓阵地的防御工作,朱赤旅守卫雨花台。朱赤将军亲自视察阵地,教育士兵宁为战死鬼,不做亡国奴,鼓励士兵们奋勇杀敌,誓死与首都南京共存亡。

12月初开始,日军主力十余万人开始疯狂进攻南京外围的我守军阵地,日军兵分三路进逼南京,取包围之势。第六师团为西路,经宣城进攻芜湖,企图截断南京守军的退路。敌军在先前战斗中多次进攻得手,但由于抗战军民的英勇抵抗,敌军每次进攻都付出了惨重的代价。为了迅速拿下南京,日军集中火力猛烈进攻,我守军各部淞沪会战后未经修整便立即投入南京保卫战,战斗力减弱,外围阵地经过激战后,多沦于敌手,情况危急。

1937年12月9日,西路日军突破首山。1937年12月11日,日军主力攻至中华门雨花台一线,与朱赤将军的第二六二旅发生激烈的战斗。朱赤以两个团扼守离雨花台四公里远的平堰,以一个团固守雨花台,旅指挥部设在雨花台山上。日军用飞机、大炮向雨花台阵地猛烈轰炸,工事大部被毁,朱赤率部顽强抗击,不让日军前进一步,保住了阵地。激战中,面对敌军密集疯狂的集团冲锋,朱赤将军亲临指挥阵地,指挥我军作战。以步兵火力与敌相持,敌军死伤惨重。在多次阵地危急时,朱赤将军亲率敢死队,杀入敌群;将士们勇气倍增,跟随旅长冲入敌群,不怕牺牲,以血肉与敌相搏。

日军的进攻越来越厉害,二六二旅友邻部队的阵地纷纷动摇。朱赤此时深明大义,为救国救民,抱一死决心。他用手枪指挥士兵,只许前进,不能后退,一次又一次打退了日军的进攻。由于所部新兵居多,缺乏充足的休整时间,连续作战,部队损失严重,最后只剩下一个特务连的兵力。日军仍如潮水般地扑来,朱赤意识到突围已是不可能的了,只有决一死战。他命令士兵把几十箱手榴弹的盖子全部打开,用绳子把导火索串联起来,摆在阵地前。等到日军进攻至阵

朱 赤

地前沿时，几百枚手榴弹全部爆炸。日军血肉横飞，遗尸遍地。

　　1937年12月12日晨，多次进攻失败的敌军恼羞成怒，集中了百余架轰炸机和数十门重炮猛攻雨花台阵地，再以优势步兵进行集团冲锋。朱赤将军率领部队拼死抵抗，宁死不屈。日军再次发动组织进攻，由于朱赤将军所部弹尽力竭，我军阵地全毁。朱赤将军与全体官兵壮烈殉国，战斗到了生命的最后一刻。朱赤将军牺牲时，年仅三十四岁。

甘卓吾

甘卓吾,1897年出生于马坳,1918年以优异成绩考入南昌政法学校,1919年参加"五四"爱国学生运动。1925年,甘卓吾回乡,1927年参加我党组织的各种活动,1929年被党组织派往湖北崇阳一带活动,同年下半年返乡,担任马坳区赤卫队队长,策划修水靖卫大队起义。在其他同志的配合下,该大队第三中队被编入红五军第五纵队,5月,配合红军攻打修城。8月,甘卓吾调任县苏消费合作社主任,发挥了积极作用。1934年,甘卓吾被捕,国共合作后经营救被释放。1938年,中共湘鄂赣特委批准恢复甘卓吾的党籍,任命他为中共修水中心县委统战部部长职务。1939年2月,甘卓吾任中心县委书记,兼任中共湘鄂赣特委委员。1940年5月,甘卓吾被国民党特务暗杀。

甘卓吾有理有节有利地进行抗日救亡运动和建立抗日统一战线工作。他指导建立了以抱爱医院为掩护的党的地下联络站,引导一大批爱国人士投身抗日事业,如原国民党陆军政治部地下党员、中华人民共和国成立后在上海市统战部工作的葛亦远,宏伟中学离休教师殷舟平,国民党湘鄂赣边区游击总指挥政治部主办的《复报》总编辑张生力,国民党三十集团军七十二军政治部少校秘书汪志道,国民党中央第三科《扫荡简报》编辑廖伯坦,国民党一三四师政治部的音乐家瞿希贤等。他们利用自己在国民党驻军中的合法地位,为抗日统一战线做了不少工作。甘卓吾支持以杨抱爱为负责人的"修水抗敌后援会"工作,募集抗日物资和慰问品,支援慰问抗日前线将士。同时,他利用各种关系,派遣一批同志打入国民党地方保甲系统,为开展党的活动提供便利。

胡思先

胡思先(1901—1991),谱名承家,名越一,白岭镇下太清村人,中共修水地下组织的创始人,国民党修水县党部的组建人。胡思先早年就读于江西省立第六师范学校,1923年加入中国社会主义青年团,1924年由江西团地委推荐赴苏联莫斯科东方劳动者共产主义大学学习,同年加入中国共产党。1926年,胡思先回国,受党组织委派到九江开展革命活动,发展党的地下组织,先后担任共青团九江地委书记、共青团南昌地委宣传部部长。第一次国共合作期间,胡思先任中国国民党党部特派员,受江西省农民协会委派兼任农协特派员,负责组织赣西北修水、武宁、铜鼓一带的群众运动。1926年,胡思先回到修水,建立中共修水支部干事会,任支部干事会书记,干事会有党员二十四人;同时在修水第一高小开办平民夜校,吸收各界进步青年参加学习,宣传马克思主义。不久,胡思先配合北伐军攻克修水。1927年"六七"惨案发生后,正在南昌出席中共江西省委第一次代表大会和江西省农民运动扩大会的胡思先,面对白色恐怖,毅然召集修水代表返回修水,与国民党反动派展开针锋相对的斗争,并到全丰塘城开展革命活动。1927年冬,中共赣北特区委员会成立,胡思先任特委组织部部长,发动农民开展杨祠暴动,后因暴动遭受失败,潜回南昌闭门读书,从此与党组织失去联系。1932年,胡思先到河南开封任《河南晚报》副刊编辑,1935年任江西省国民政府秘书、科员。抗日战争期间,胡思先先后担任大余保安团赣州训练团政治指导员、吉安防空司令部少校参谋、江西省财政厅督导员、江西省田粮处业务专员。1948年底,胡思先回南昌参加民主革命运动,1949年5月在赣州被反动派逮捕入狱并被判死刑,经多方营救出狱。赣州解放后,胡思先积极协助公安部门开展镇反工作,1950年返回南昌,分配在江西省土改委员会任委员兼宣教科长,在省政府研究室任资料组长。1952年,胡思先在江西八一革命大学学习结业后,调省政府参事室任参事,1989年明确为副厅级参事,曾任江西省第一届和第四届政协委员、第六届省人大代表。1991年11月,胡思先在南昌病逝。

涂公遂

涂公遂(1905—1992),谱名源道,学名士渊,笃信天主教,教名约瑟,义宁镇坪田村人。涂公遂出身诗书之家,其父涂同轨曾任省立第十五中学校长、《大江报》主笔。师范毕业后,涂公遂考入北平民国大学,后转北京大学。1926年3月18日,北京群众十余万人在共产党和国民党左派的领导下举行游行示威,反对帝国主义侵略和北洋政府的卖国行为。北京各大学的师生参加了游行,涂公遂任北京大学请愿团总指挥。游行请愿遭北洋政府镇压,造成"三一八"惨案,涂公遂被通缉,无奈潜回南昌。1926年9月,北伐军节节胜利,平定赣西各县,直逼南昌。涂公遂奉召任北伐军总政治部社会股股员、股长,次年随军经九江、安庆抵上海,后转武汉工作。1930年,涂公遂应聘河南行政人员训练班教授,转任省立第一师范学校教员兼文科主任,1931年任河南大学文史系教授。1937年,抗日战争爆发,涂公遂任国民革命军总政治部设计委员、第二厅秘书,1938年调任三青团中央团部组织处主任秘书、社会处副处长、视导室主任,1947年任三青团中央青年部设计委员等职,1949年迁台湾。后应顾孟余之召,涂公遂赴香港筹办《大道》杂志,先后聘任为香港珠海书院教授、新加坡南洋大学教授兼中文系主任、文史研究所所长,曾任新亚、德明、清华等书院教授。1987年,涂公遂辞去教职,转迁台北,1992年8月病逝于台北。

涂公遂致力于国学研究,擅长诗词书画,学术著作有《文学概论》《国学概论》《国学小说》《经学研究》《文学批评》等。

傅　彪

　　傅彪，1909年出生于修水县马坳镇东津村。1929年6月，傅彪参加渣津赤卫队，1929年下半年，任山漫区游击队队长。1930年4月，傅彪加入中国共产党，被任命为班长；1931年4月，任修水交通武装大队中队长；1932年4月，任中国工农红军湘鄂赣独立第二师一营二连排长，后任连长；1936年7月，任中共平修铜中心县委副书记兼县苏维埃主席。1937年第二次国共合作期间，傅彪任抗日军修水通讯处副主任。1938年春，傅彪任新四军第一支队一团二连连长，后改任特委连连长；1939年春，参加中共中央东南局组织的学习，学习结束后，任新四军江北游击纵队合肥独立营营长；1940年9月，调新四军二师四支队教导队任队长，同年10月，任新四军二师四旅十团参谋处作战参谋；1942年12月，任新四军二师四旅十二团三营营长；1945年5月，任新四军二师津浦路西分区滁金总队参谋长。解放战争期间，傅彪历任鲁南军区二分区二十团团长、华东荣军总校第五分校校长兼第一分校副校长、浙江金华军区副司令员等职。中华人民共和国成立后，傅彪先后任皖南军区徽州军分区副司令、安徽宿县军分区副司令、华东军区副参谋长兼军务部部长。1955年，傅彪离休，享受正师级待遇，1973年4月病逝。

　　傅彪将军军事才能卓越，不仅坚持进行艰苦的游击战争，而且率领队伍投身抗日前线，取得不小的战功。第五次反围剿失败后，湘鄂赣边的斗争形势异常严峻，傅彪带领的队伍仅剩两百人，面对的是国民党五十师、十九师、十八师及江西、湖南的地方民团，还有叛徒的出卖。他坚定信心，灵活机智地保存自己，寻找机会消灭敌人。他确定了"分兵以发动群众，集中以打击敌人"的作战方针，按照"敌人进山，我们出墟；敌人堵路，我们翻山越岭"的办法，在游击区建立互救会、反帝大同盟、少年先锋队等组织，最大限度地巩固斗争基础。对于敌人和叛徒，他坚决歼灭。1936年7月，傅彪带领游击队员秘密潜入水源梅田村，击毙横行半个修水苏区、作恶多端的挨户团副团总卢义卿，处决叛徒卢馨园。

叛徒万海安、万辉萼带路,导致湘鄂赣省军区中路指挥部副指挥邓绍华等四十九名同志牺牲,傅彪决心清除叛徒。经过精心地计划,趁着夜色的掩护,傅彪带领精干队员接近敌炮楼,进入万海安父子家,圆满完成任务,让这对叛徒父子妄图借敌炮楼壮胆的梦想破灭。

傅彪不但军事素质过硬,政治理论水平也高。在担任抗日军修水通讯处副主任期间,他协助其他同志义正词严地向国民党当局提出释放被关押革命同志的要求,樊秋生、李金兰等修水、平江籍的同志最终被释放;他积极宣传抗日主张、抗日政策,争取国民党基层人士的同情和支持,秘密放行游击队员,为游击队员筹集物资;他发挥善于做群众工作的优势,深入贫困家庭做动员工作,三个月内征集了两百多青年,将他们送入抗日队伍;他高度关注党组织建设,秘密审查了一批党员,发展了一批党员,在渣津、马坳和平江龙门一带恢复和建立了党的基层组织,为成立中共修水中心县委奠定基础。

傅彪将军一家为革命做出了巨大的贡献,他的父亲被反动派折磨致死;大哥傅步香、大嫂刘梅英、四弟傅四香,都是革命同志、革命干部,先后在对敌斗争中牺牲。

刘克之

刘克之(1913—1983)，1913年出生于江西省修水县一个贫苦农民家庭。少年时代，刘克之父兄惨遭反动派杀害，他未被反动派屠杀所吓倒。1928年，他为反抗反动阶级统治，怀着救国救民的强烈愿望投身革命，参加农民暴动，走上井冈山，加入中国工农红军，同年，加入新民主主义青年团。1929年5月，刘克之加入中国共产党。在保卫中央革命根据地、长沙战役和第一、二、三、四、五次反围剿作战中，他意志坚定，临危不惧，作战英勇——多次负伤仍坚持战斗。他跟随中央红军踏上举世闻名的二万五千里长征之路，历尽千辛万苦。在四渡赤水之战中，他率领侦察员，化装深入敌穴，配合主力部队攻克遵义城，屡立战功。

抗日战争时期，为打败日本侵略者，他驰骋疆场，身先士卒，率领独立营，奋勇杀敌，威震敌胆，成功地使敌人一个连投入抗日行列。在著名的"平型关大捷"和"百团大战"中，他冲锋在前，头部多次中弹，身负重伤也不下火线。刘克之后任河北省民军游击大队队长、民训处武装部主任、翼游击三区营长、山西省保安三师营长。

在解放战争中，他为开辟和发展东北解放区，夺取全国解放，服从革命需要，由陕北来到东北，任黑龙江省依安县县大队大队长。他虽头部留有弹片，身体致残，但仍保持革命战争年代的拼命精神和旺盛的革命斗志，组织依安人民进行剿匪和土地改革斗争。在军民大生产运动中，刘克之走在前，领头拉犁，鞠躬尽瘁，蓬勃向上，奋进不止。1949年2月，他由部队转业到地方工作，任中共黑龙江省委秘书处处长。

抗美援朝期间，他在黑龙江省委工作，率领机关干部、职工昼夜奋战，组织接收军用物资，为抗美援朝战争胜利做出贡献。在任东北商业专科学校和辽宁大学人事处处长时，他坚持"任人唯贤"的干部路线，重视知识和知识分子。辽宁大学有位曾留学日本的衣家驹教授，精通四门外语，才干出众，但因家庭出身被错戴"右派"帽子，下放农村，难找栖身之地，处境凄惨。刘克之不怕受牵连，常下乡看望衣教授,还多次向有关部门反映,使其处境有好转。他把群众疾苦放在心上,不论谁家儿女结婚、老人病故、孩子生病,他都闻信必到。他还为青年人当红娘,甚至夫妻吵架也要他评理,因此他深受干部、群众拥戴。

在现代化建设中,他从不居功自傲,更加忠心耿耿,保持普通共产党员身份,对工作勤勤恳恳,兢兢业业,任劳任怨。他颧骨高,有一双饱经风霜而炯炯有神的眼睛,嘴角总是挂着慈祥的微笑,说话亲切和蔼,没有官架子,人们都称赞他是人民公仆、共产党的好干部。

1983年2月12日,刘克之在辽宁省沈阳市病逝,享年七十岁。

冷郭仪

　　冷郭仪,1910年出生于古市镇草坪村,十二岁学裁缝,1930年加入中国社会主义青年团,次年加入中国共产党。冷郭仪先后任三区九乡工会委员长、三区工会青工部长、县赤色总工会委员长。1933年1月至2月,冷郭仪在湘鄂赣省政治训练班学习,结业后调万铜奉县工会筹备处主任,5月任省总工会组织部部长,10月任省苏执委、劳动部部长。1934年1月,冷郭仪参加在瑞金召开的第二次全国苏维埃代表大会,当选为中央检察委员会委员、通讯部主任,同年10月参加苏区红军大学教导连学习游击战术。1935年3月,红军主力北上抗日,冷郭仪被编入红军独立第三团,担任团政治部工作组组长,转战闽赣山区,在安远县被敌包围入狱,同年10月被保出狱,后以裁缝师傅身份从事党的地下工作。抗日战争时期,冷郭仪任中共修水中心县委宣传部部长。新中国成立后,冷郭仪任古市国营锅厂厂长,1950年4月后,历任渣津区副区长、区委副书记,宁州区副书记、书记,县政府县长,县委副书记,县政协副主席,曾当选江西省第一、二届人大代表,省第五次党代会代表。2002年,冷郭仪病逝。

胡承玉

　　胡承玉同志是修水为数不多走完万里长征全程的老革命。他1913年生于修水十一区太清乡八斗岭村（现白岭镇太清村），八至十二岁在家拾柴火，以后给地主放牛，十五岁时上过一年学。1930年5月，在农协的动员下，胡承玉加入红军游击总队，走上革命道路。在二十多年的军旅生涯中，胡承玉曾任勤务兵、班长、排长、副连长、连长、营长、团长、公安总队副参谋长、甘肃省委委员等职。鲜为人知的是，长征途中，胡承玉由六师十一团一营一连副连长，调任三军团司令部，成为彭德怀同志的警卫员。他一生参加大小战斗两百多次，十一次光荣负伤，多少次在枪林弹雨中死里逃生，有许多感人的故事。

　　1930年5月，共产党的队伍来到白岭，那时胡承玉只有十六周岁。由于家里穷，他每天到白岭街上卖柴，知道那是穷人的队伍，便瞒着家人，相邀十八位太清同伴去当兵。临走的时候，他不敢同家里人说，到了出嫁的姐姐处才告诉她自己当兵的意愿。姐姐不放心弟弟，但又拦不住，便寄信告诉了父母。心疼孙子的祖父拄着拐杖来到白岭街，呼喊着孙子的名字；躲在暗处的胡承玉虽然很难过，但还是忍着眼泪看着老人失落地离去。当时部队叫红军游击总队，6月份以后部队改称红八军，当时部队见他年龄小不愿收，刚好有个连指导员从那经过，见他人机灵，就说"给我当勤务兵吧"。他作战勇敢，后来在红八军六师当班长。第一次反围剿，在江西吉安龙冈，即毛主席诗词中写到的"雾满龙冈千嶂暗，齐声唤，前头捉了张辉瓒"的战斗中，他的脖子被弹片炸伤。部队到瑞金后，首长见他是个好苗子，不怕流血牺牲，而且又读过书，就把他送到由何长工同志任校长的红军步校一期学习。因为生病耽搁了课程，胡承玉又接着上二期，每期三个月。学业结束后，胡承玉回到六师十一团任排长。

　　九一八事变后，全国掀起了抗日浪潮。1934年10月，中央红军开始举世闻名的二万五千里长征，胡承玉随主力部队突破封锁线、血战湘江、四渡赤水、强渡大渡河、巧夺金沙江。胡承玉在历次战斗中奋勇向前，舍生忘死。1935年，已

胡承玉

任十一团一营副连长的胡承玉被调到三军团团长彭德怀身边任警卫员。当时选调有严格要求,首先是现任连级干部,要有战斗经验;其次是政治上可靠,历史清白,工作积极负责,能完成任务;三是身体强壮,廿五岁以下。担任一段时间的警卫员后,胡承玉因急病被送总医院,又在总医院担任休养连连长。中央红军与四方面军在懋功会师后,胡承玉又因病在北上途中掉队,只好返回懋功,在一个老乡家待了三天,帮着干些力所能及的事以换饭吃。刚好四方面军南下,他就跟着队伍走并被收容。1936年,四方面军又原路返回到甘孜,与二方面军会合。当时十分困难,过草地时每人只有三四斤干粮,而过雪山草地却花了长达四十多天,完全靠牛皮草根过日子,战士们连皮鞋都吃掉了。因为条件太艰苦,又荒无人烟,部队减员严重,掉队的也多。7月,在距出草地一天路程的地方,胡承玉又被二方面军收留,分配到六师十六团一营一连任司务长,这时的胡承玉同志已是二过雪山草地,最终历尽千辛万苦到达陕北。

1937年,部队在一个名叫庄里镇的地方举行誓师大会后,东渡黄河北上抗日,所在部队是三五八旅七一六团,胡承玉任三营七连连长,在山西雁门关的战斗中,腿部负伤。这场阻击战,打得十分艰苦,最后全连只剩下几个人。当时胡承玉撤到一个村子里,老百姓都逃走了,村边有个打麦场,堆放了很多麦秆,他就躲在里面,日本人用刺刀扎,还是没有找到他,真是死里逃生。日本人走后,老百姓发现了他,就把他藏在一个山洞里,但因为日寇经常骚扰,堡垒户送饭也不准时,经常有一顿没一顿,最后导致伤口发炎生蛆。老百姓看见他这个样子不行,就用担架抬着他走了四十多里,送到八路军医院。几十年后,胡承玉同志经常与家人聊起这件事,总说要去感谢那些救过他的老百姓,但终究成为遗憾。发生在1937年秋冬的平型关战役,是二战区太原会战中的一场重要战役,八路军一一五师、一二○师分别在平型关、忻口、原平一带展开战斗,并取得辉煌战绩。胡承玉同志在履历档案中,留下了珍贵的参战记录。抗战时期,胡承玉四次负伤,分别在山西雁门关、山西涓水以南火车站、山西五寨胡北村、山西宁武战斗中负伤。

在各个历史时期,胡承玉都践行着一个共产党员对党的忠诚。1945年9月的绥包会战中,包头战斗打得十分惨烈,当时部队进攻受挫,形势十分危急。团长罗坤山、政委曾星煌自己组织冲锋,这时胡承玉考虑到团长的安全挺身而出:"团长有什么任务命令,请交给我去完成。"他将司政各单位干部战士全部动员起来,带头冲进包头城内,收复了阵地。此次战斗后,胡承玉被评为战斗模范。中华人民共和国成立后,无论是在部队还是在地方,他都保持着劳动者本色,很少提及自己的辉煌战绩,从不居功自傲。离休回到原籍后,他坚持密切联系群众,支持地方领导工作,加强青少年教育,到学校、工厂、机关做革命传统报告,经常教育孩子不要躺在父母的功劳簿上享清福。至今许多县城老居民,都记得胡承玉在马家洲种菜、挑粪,带着小孩在凤凰山扒松毛的往事。胡承玉一直到去世都不忘对党的誓言。

在纪念长征胜利八十周年的今天,在查找家属保存完好的宝贵史料过程中,胡承玉同志二万五千里长征的那段光辉历史,再次展现在面前。在他履历表证明人栏目里,赫然书写着彭德怀、龙云、贺丙炎、顿星云、张宗逊、罗坤山、王再兴、谢礼顺等人的名字。那是一个血与火的年代,那是一个英雄辈出的年代。

(卢曙光)

樊孝菊

樊孝菊,女,江西修水人,烈士后代,少时讨过饭、打过长工,先后任妇女干部,生产队长,大队长,公社党委书记,县委常委,县革委会副主任,省妇联主任,省委委员和中共第九届、十届中央候补委员。樊孝菊荣获江西省社会主义建设青年积极分子、全国三八红旗手等荣誉称号,连续几年被评为省劳模。

1932年10月,樊孝菊出生在石坳乡黄源村。那时,正处在第二次国内革命战争期间,白色恐怖笼罩着中国大地。樊孝菊的父亲樊哲云早年参加赤卫队,母亲也跟随父亲,成了当时赤卫队的妇女组组长。

1933年6月的一天,樊哲云挑着一担食盐到湖南一个叫金坪岭的地方送给那里的红军,在路上却被两名白军拦住。其中一名白军见樊哲云挑着一担食盐便起了疑心,不住地盘问樊哲云是干什么的,对答如流的樊哲云并没有让两名白军起疑心。谁知,后来两名白军在樊哲云的内衣夹层里搜出了一枚当时的红军徽章,就这样,樊哲云不幸被捕。

百般"审讯"后,樊哲云拒不交代红军的去向。不久后,黔驴技穷的白军将樊哲云残忍杀害了。

樊孝菊的母亲得知丈夫被杀害的消息后,痛苦地昏倒过去……为了防止白军报复,母亲连夜带着不满十个月的樊孝菊逃离了石坳乡黄源村。

在樊孝菊舅舅的帮助下,母亲带着樊孝菊逃到了四都镇六都村,当地一个叫金贵福的农民收留了她们母女。但是不久后,金贵福得知樊孝菊的父亲是共产党员并被白军杀害,而且村里人都叫她们母女俩是"土匪婆""土匪崽",金贵福便把樊孝菊母女赶出了家门。

无奈,樊孝菊母女又流落到四都镇四都村。为了掩人耳目,樊孝菊母亲不得不对外称她们是逃荒至此的难民。后来,一个叫余四月的理发匠娶了樊孝菊的母亲。就这样,樊孝菊母女终于在四都镇四都村落了户。

樊孝菊的继父体弱多病,加上不久后母亲又生下弟妹,家里生活越发拮据。

在樊孝菊八岁那年,她见到邻居家的孩子高高兴兴地背着书包上学,也吵着要去上学。可是,那时家里穷得揭不开锅,哪还有钱供她念书?

十岁那年,继父见樊孝菊哭闹着坚持要去读书,一咬牙,从亲戚那借来一些钱,把樊孝菊送到了学校。没有钱买书本,樊孝菊就借同桌的书一起看;没有笔,母亲就在野外给她找来芦苇秆当笔;没有墨水,聪明的樊孝菊找来旧电池,用水浸泡着当墨水用。

樊孝菊学习特别刻苦用功,一有时间就帮着家里干家务。樊孝菊十一岁时,她的继父不幸因病去世,母亲在当地的富农家借来一块银圆和一斗荞麦料理了后事。

为了还债,樊孝菊不得不来到该户富农家打长工。整整三年时间,樊孝菊起早贪黑,下田栽禾、磨粉、打谷、砍柴,样样重活都得干。

苦难是一所学校,教会人们怎样去认识生活、珍惜生活和热爱生活,并为之奋斗。正是从那时起,樊孝菊养成了坚韧不拔、勤劳朴素、顽强不息的品格。

1949年7月,修水县获得解放,一个全新的修水呈现在全县人民面前。由于刚刚解放,各项事业百废待兴,需要一大批有思想、有觉悟、肯吃苦、能奉献的人投身到建设新中国的宏伟事业中。当时,樊孝菊才十七岁。

樊孝菊不甘落后,积极参加村里、选区的工作,发动妇女参加生产、政治活动。由于工作成绩突出,樊孝菊很快当上了村妇女主任、团支部书记、民兵连长。为了提高文化知识,1952年,樊孝菊参加了夜校速成识字班,并光荣地加入了中国共产党。

1952年,修水在全县范围内开展了一场声势浩大的"改造落后生产队"活动。时任四都乡副乡长的樊孝菊自告奋勇,先后到该乡最落后的三个生产队当支部书记。她发动群众用填埋火土灰、挖塘泥、沤茅草等方式改造低产田,还摸索出一套青饲料发酵、提高生猪产量的办法,在全县推广,很快使三个生产队改变了落后被动的局面,广大干群精神焕发,斗志昂扬。刚生完小孩的樊孝菊拖着虚弱的身体,下水田、爬山地,与群众一起劳动。

1956年,由于樊孝菊工作成绩显著,她光荣地出席了"江西省社会主义建设青年积极分子"大会。那时,全县只有三名代表参加,之后的几年内她年年出席省劳模大会。

　　1966年,樊孝菊作为县里组织的"活学活用毛主席著作"宣传队的主力队员,到渣津、白岭、大桥等地进行为期三个月的宣传活动。

　　樊孝菊结合工作实例,介绍了自己如何不计个人得失,到条件最艰苦的地方工作的事迹,她说:"什么叫工作?工作就是斗争,哪里有困难,就到哪里去,这才是好同志!"樊孝菊的宣讲,在各地引起了强烈反响。一时间,人们讲奉献的多了,讲困难的少了;讲奋斗的多了,讲享乐的少了。

　　1968年,樊孝菊出席江西省劳模大会。在会上,当时《解放军报》记者要在省劳模中采访江西最新、最美的三代人。时任峡江县水边大队的五十多岁的女大队书记作为老一代;时任修水县革委会副主任的三十五岁的樊孝菊作为中年一代;时任九江县星都垦殖厂的二十多岁的女生产队长作为青年一代接受了采访。

　　这"老中青"三代人的先进事迹在《解放军报》刊登后,在全国引起巨大反响。樊孝菊还因此光荣地被选为1969年3月召开的中国共产党第九次全国人民代表大会代表,并在主席台就座。

　　此后,樊孝菊除担任省委委员、省妇联主任、省革委会副主任外,还在基层兼任了十八个职务,并光荣地出席了党的十大。

　　作为新中国成立后的第一代女干部,樊孝菊的人生历程写满了"辛劳"与"奉献"。无论樊孝菊的地位如何变化,她都始终保持着一名共产党员的本色不变,她仍然坚持在基层工作,住土房,常到田里栽禾,到茶园采茶。

　　1969年樊孝菊出席党的九大之前,县里决定解决仍是农业粮户口的樊孝菊一家的商品粮户口问题。当时,住在地处三都镇的县农业科学研究所的樊孝菊对前来联系解决商品粮户口的工作人员说,如果农科所百分之八十以上的人都解决了商品粮,我樊孝菊再吃商品粮也不迟。

　　历史是无情的,历史又是公正的,樊孝菊的一生辉煌过、失败过,但她从不没落。

　　1976年11月,在一次江西省委扩大会议结束后,时任江西省委副书记的白栋材在会后找到樊孝菊说:"孝菊啊,你是劳模出身。你为家乡争取资助写给我的信有一尺多高,好多我都批了字,可你却从未给自己要过一点东西。"1968年夏天,时任省军区司令员杨栋梁到修水视察,第二天因急事,杨司令需赶到省城开会,可他的吉普车因修河突然涨水而无法通过,无奈,只好请来许多民工将吉普车抬过河去。趁着这个机会,樊孝菊第二天凌晨四点多钟也赶往省城,将建设修水大桥的报告送给杨司令。杨司令先后批了一百二十万元,以战备桥的形式修建了修水大桥,结束修河上没有大桥的历史。此外,建设修水蚊香厂、县电影院、县烈士馆以及车联堰电站、湘竹电站等的资金基本上都是樊孝菊从省里争取来的。

时任江西省委书记的江渭清对樊孝菊说:"孝菊啊,你在哪里摔倒,就要在哪里爬起来。"

1981年,江西省委就樊孝菊个人问题发了一则通知:免去其党内一切职务,令其在基层工作。不久,樊孝菊前往三都茶厂,任该厂的工会主席。1986年,樊孝菊在三都茶厂退休,安享晚年,于2015年4月去世。

(朱修林)